近代人文社會科學譯著（第二輯）

熊月之　主編

東西洋教育史

［日］中野禮四郎　著

蔡艮寅　賀廷謨　譯

上海科學技術文獻出版社

图书在版编目（CIP）数据

东西洋教育史 / 熊月之主编．—上海：上海科学技术文献出版社，2023

（近代人文社会科学译著．第二辑）

ISBN 978-7-5439-8767-8

Ⅰ．①东…　Ⅱ．①熊…　Ⅲ．①教育史—世界　Ⅳ．①G519

中国国家版本馆 CIP 数据核字（2023）第 033356 号

策划编辑：张　树
责任编辑：王　珺
封面设计：徐　利

东西洋教育史
DONGXIYANG JIAOYUSHI
熊月之　主编
出版发行：上海科学技术文献出版社
地　　址：上海市长乐路 746 号
邮政编码：200040
经　　销：全国新华书店
印　　刷：商务印书馆上海印刷有限公司
开　　本：889mm×1194mm　1/32
印　　张：9.125
版　　次：2023 年 3 月第 1 版　2023 年 3 月第 1 次印刷
书　　号：ISBN 978-7-5439-8767-8
定　　价：98.00 元
http://www.sstlp.com

近代人文社會科學譯著（1807—1919）序言

熊月之

一

人文社會科學，包含人文學科與社會科學兩類。〔一〕

〔一〕人文學科之所以稱『學科』而不稱『科學』，因爲通常所説的科學（science），主要指以物爲研究對象、可以通過實驗進行驗证的自然科學，而人文學科則以人爲研究對象，具有個别、私人、主觀性質，無法驗证。自然科學與人文學科處於比較的兩端，差异較大，而社會科學與自然科學之間，差异較小，且在取向、知識生産模式、研究方法等方面，較爲接近。人文學科與自然科學的區别，也表現在分析和解釋方向：自然科學從多樣性、特殊性、復雜性、偶然性走向統一性、一致性、簡單性和必然性；相反，人文學科則突出獨特性、意外性、復雜性和創造性。它們屬於不同的思維能力，使用不同的概念、不同的語言形式進行表達。自然科學是理性的産物，使用事實、規律、原因等概念，並通過客觀語言溝通信息；人文學科是想象的産物，使用現象與實在、命運與自由意志等概念。所以稱『學科』而不稱『科學』，更爲突出人文學科的特質。參見《簡明不列顛百科全書》（第6卷），北京：中國大百科全書出版社，1986年，第761頁；李醒民《知識的三大部類：自然科學、社會科學和人文學科》，《學術界》2012年第8期。

學科分類在不同歷史時期、不同語境下並不相同，標準、方法也見仁見智。近代以來，學術界逐漸傾向於將人類知識分爲三大部類，即自然科學、社會科學與人文學科。自然科學以自然即客觀的物質世界作爲研究對象，包括數學、物理學、化學、天文學、地學（地理學、地質學、氣象學）與生物學等；社會科學以人類社會作爲研究對象，涵蓋經濟學、政治學、法學、社會學、行政學、教育學、倫理學等；人文學科以人爲研究對象，探尋人的生存及其意義、人的價值及其實現，涉及語言學、文學、歷史學、哲學、藝術等。

本書選輯起止時間爲1807—1919年。

衆所周知，中國近代史的起止時間，亦即中國近代史的研究對象，是從1840—1949年，因爲這百餘年的中國，是相對完整的近代形態，是一個完整的歷史時期。但是，近代西方人文社會科學在中國翻譯、傳播的歷史，與中國近代歷史的進程並不完全同步。

首先，起步更早。1807年，基督教新教傳教士、英國人馬禮遜來到澳門，然後進入廣州，拉開新一輪西學傳播序幕。稍後英國傳教士米憐、德國傳教士郭實臘等，絡繹東來。他們在馬六甲、新加坡、巴達維亞等地，開學校，辦印刷所，在當地華僑中傳播西學。他們所出版的涉及人文社會科學知識的書籍雖然不很多，但這些西學知識，與鴉片戰爭以後傳入中國的西學知識屬於統一整體，也是後者之先聲。

其次，心態轉變也早。近代中國讀書人、思想界對於以歐美爲中心的西方人文社會科學，有個從仰視到平視的轉變過程，其轉折點便是第一次世界大戰。1914—1918年，發生在帝國主義國家之間的世界大戰，有三十多個國家、15億人口卷入，傷亡人員三千萬，經濟損失難計其數。這一殘酷現實，讓中國讀書人、思想界明白，西方科學並不萬能，人類社會的演變，並不總是沿着進步的方向直綫上昇。巴黎和會上西方列强對於中國主權的無視與陵鑠，更讓中國人明白，世界上並不存在什麼平等對待弱者的『公理』。這種世界性的倒退與不公，促使東西方有識之士更加深刻地思考人類的未來，更加理性地思考東西方文化的價值。此後，西方人文社會科學在中國讀書人、思想界那裏，盡管仍然是最爲重要的文化資源之一，但已從至高無上的峰頂跌落下來，成爲與東方文化等量齊觀的一端。

這是本書將下限斷爲1919年的主要原因。

二

在介紹近代西方人文社會科學在中國傳播之前，有必要先回溯一下明末清初那段時間這方面的情況。明末清初，利瑪竇、艾儒略、南懷仁等耶穌會傳教士編寫、或與徐光啓、李之藻、楊廷筠等人合譯的一批西學書籍，其中有十多部較多涉及人文社會科學內容，如《西國記法》（1595）、《職方外紀》（1623）、《西學凡》（1623）、《靈言蠡勺》（1624）、《西儒耳目資》（1625）、《治平西學》（約1629）、《修身西學》（1630）、《名理探》（1631）、《童幼教育》（1632）、《西方問答》（1637）、《齊家西學》（崇禎年間）、《坤輿全圖》與《坤輿圖說》（1674）、《窮理學》（1683）等，這些書對歐洲的哲學、政治學、經濟學、教育學、文學、歷史學、地理學等方面的知識有所介紹。

比如，傅汎際和李之藻合譯《名理探》，介紹了『愛知學』即哲學的含義。南懷仁編《窮理學》，介紹邏輯學的功用，稱窮理學『爲百學之宗』，爲『訂非之磨勘，試真之礪石，萬藝之司衡，靈界之日光，明悟之眼目，義理之啓鑰，爲諸學之首需者也。』〔一〕高一志著《治平西學》，爲最早漢譯西方政治學著作，分別從王公、群臣、兆民的行爲準則，説明何者爲宜、何者應戒，還介紹了世界上的三種政體形式：『一曰一人且王之政；二曰數人且賢之政；三曰衆人且民之政是也。』〔二〕艾儒略譯《職方外紀》，對歐洲教育制度包括學制、課程設置、考試方式均有所介紹。高一志著《修身西學》，述及西方倫理學知識，包括修身目的、修身憑藉與修身方法，主旨在於指明人類通過修德以確保自身行動的善，從而獲得美好，達到幸福境界。天啓年間出版的《况義》，是《伊索寓言》在中國傳播的第一個譯本。

明末清初西方人文社會科學在中國的傳播，傳播主體是利瑪竇等傳教士，中國學者徐光啓等參與譯述潤色，所傳内容從總體上説，比較零碎，不成系統，所譯編成書籍印數較少，傳播範圍較小，很多内容只是在少量學者中流傳。但是，他們所傳許多知識，開啓了近代西學東漸的先河，如地圓説、五大洲説、腦主記憶説；所創譯的諸多名詞，也被近代沿用，如亞細亞、歐羅巴、大西洋、地中海、自鳴鐘、天主等。他們以『理學』翻譯哲學，一度被近代學者沿用。

〔一〕南懷仁：《進呈窮理學書奏》，徐宗澤：《明清間耶穌會士譯著提要》第192頁，中華書局，1989年。
〔二〕高一志：《治平西學》，載黄興濤、王國榮編《明清之際西學文本》第2册，中華書局，2013年，第614頁。

三

近代西方人文社會科學在中國翻譯、傳播的歷史，可以分爲五個階段，即 1807—1842 年、1843—1860 年、1861—1900 年、1901—1911 年、1912—1919 年。

第一階段，從 1807 年至 1842 年。

17 世紀末 18 世紀初，因宗教禮儀問題，在清朝政府與羅馬教廷之間、中國耶穌會與羅馬教廷之間、耶穌會與其他天主教會之間，出現嚴重分歧。羅馬教廷要求在華天主教徒不得祭祖、不得拜孔。康熙皇帝表示，中國祭祖敬孔，不過是一種崇敬的禮節，並無宗教性質，如果來華西人，不能像利瑪竇那樣對祭祖敬孔持尊重態度，斷不準在中國居留、傳教。雙方交涉多次，不得要領。1717 年（康熙五十六年），康熙皇帝下令禁止天主教在華活動。此後，天主教在華再次步入低谷。雍正、干隆等朝，又相繼頒佈禁止天主教的命令。1773 年（干隆三十八年），因宗教内部紛争，羅馬教廷下令解散耶穌會，兩年後命令傳到中國，耶穌會正式解散。至此，自晚明開始在中國活動二百年的耶穌會，終於告一段落。西學傳播的細流亦因此截斷。

1807 年，英國基督新教傳教士馬禮遜，受倫敦會委派，從英國經美國輾轉來到澳門，進入廣州，以後在廣州、澳門及南洋各地，進行傳教與西學傳播活動。稍後，英國傳教士米憐、楊威廉，美國傳教士粦爲仁、雅裨理、裨治文，德國傳教士郭實臘等，絡繹東來。他們在馬六甲、新加坡、巴達維亞等地，開學校，辦印刷所，出版《聖經》等宗教讀物，也在當地華僑中傳播西學。所出版的涉及人文社會科學方面的書籍有十來種，包括《生意公平聚益法》（1818）、《西游地球聞見略傳》（1819）、《地理便童略傳》（1819）、《東西史記和合》（1829）、《大英國統志》（1834）、《美理哥合省國志略》（1838）、《古今萬國綱鑒》（1838）、《萬國地理全集》（1838）、《制國之用大略》（1839）、《貿易通誌》（1840），所出版刊物《察世俗每月統記傳》（1815—1821）《特選撮要每月紀傳》（1823—1826）《東西洋考每月統記傳》（1833—1838）》，都含有豐富的西方經濟學、歷史學、地理學知識。

比如，《生意公平聚益法》，介紹人們相互之間進行貿易應該遵循的基本法則，《地理便童略傳》對世界主要地區與國家均有介紹，對英國、美國政治制度、司法制度介紹較爲具體。《古今萬國綱鑒》，凡244頁，分20册，是鴉片戰爭以前介紹世界歷史知識最爲詳盡的一部書。《貿易通誌》較爲翔實地介紹了西方的商業制度，魏源在《海國圖志》中，對許多國家的貿易、商業的介紹資料採自此書。《大英國統志》《美理哥合省國志略》分別翔實地介紹了英國、美國的國情。

再如，《察世俗每月統記傳》所載《論有羅巴列國》《論亞西亞列國》《論亞非利加列國》《論亞默利加列國》《法蘭西國作變復平略傳》等文，介紹歐洲、亞洲、美洲等地地理、歷史知識，介紹了法國的歷史。還在1821年，便介紹了剛剛立國45年的美國，稱其面積寬大，盛產各物，港口衆多，人口增加很快，且有智有力，預料其日後必爲美洲最大國家。[一]《東西洋考每月統記傳》所載《通商》《貿易》《公班衙》等文，

[一]《論亞默利加列國》，《察世俗每月統記傳》卷七，道光元年。

介紹西方通商理論，認爲通商貿易對商人、人民、國家都有好處，强調通商貿易要篤實誠信，不可食言行騙。

鴉片戰争以前，中國還没有被英國打敗過，中西關係還比較平等，傳教士在介紹西方情況時，心態還不是那麽傲慢，所以，行文常用對話體，以中國人習慣的説書形式出現。爲了迎合中文讀者心理，作者論述問題，每每先引一段中國古代聖賢的語録或故事，然後進行中西比較，説明東方西方，心同理同。這種表達方式，類似於明末清初耶穌會士，而不同於鴉片戰争以後傳教士那種居高臨下姿態。

第二階段，從1843年至1860年，即五口通商時期。

在1840年至1842年的中英鴉片戰争中，清朝政府戰敗，被迫與英、美、法等國簽訂不平等的《南京條約》、《望厦條約》和《黄埔條約》，被迫割讓香港給英國，開放廣州、福州、厦門、寧波、上海作爲通商口岸，允許外國人在這些口岸傳播宗教、開設學堂、開辦醫院。於是，傳教士便將活動基地從南洋遷到中國東南沿海，開始了晚清西學傳播史上的新階段。這一階段，通商口岸成爲傳播基地。此前，傳教士的活動局限於南洋一帶，西學書刊雖亦能傳至中國大陸，其所辦學校中也有華人，但畢竟水路迢迢，對中國内地影響有限。五口通商後，麥都思、雅裨理、慕維廉、艾約瑟等傳教士以這些地方爲基地，辦學校，出書刊，進行各種西學傳播活動，東南沿海遂成中國率先接受西學影響的地區。傳教士所出版《聯邦志略》（1846）、《格物窮理問答》（1851）、《地理全志》（1853）、《大英國志》（1856）、《地球説略》（1856）、《地理略論》（1859）等書籍，《中西通書》（1853—1860，年鑒）、《遐邇貫珍》（1853—1855）、《六合叢談》（1857—

1858）等雜誌，包括豐富的歷史學、地理學、經濟學知識，也有一些哲學、文學知識。

比如，《遐邇貫珍》所載《花旗國政治制度》一文，不但介紹了美國的總統選舉制、立法、司法、行政、聯邦及各州之組織，還將英、美政治制度作了比較，認爲各有利弊。再如，慕維廉譯編的《大英國志》與《地理全志》，都是超過三百多頁的大書，前者翔實地介紹了當時世界上最强大的帝國英國的歷史與現實，後者比較宏觀地介紹了世界地理知識。

這一時段，傳教士忙於在通商五口進行傳教活動，出版宗教讀物繁多，所出人文社會科學書籍較少，十來種而已，但是這些書刊在中國士紳中還是産生了比較廣泛而重要的影響。魏源編《海國圖志》，廣泛徵引了《地球圖説》等西書；徐繼畬撰《瀛寰志略》，直接得益於雅裨理等人的西書資料；王韜、管嗣復參加了一些西書與雜誌的譯編，受到這些知識的深刻影響。王韜日後出版《西學輯存六種》，頗得益於他在墨海書館協助偉烈亞力等人的西學熏陶，管嗣復則將其西學知識轉述給其老師馮桂芬，促成馮桂芬名著《校邠廬抗議》的誕生。《聯邦志略》《地理全志》《地球説略》等書還傳到了日本，並有日譯本行世。

第三階段，1860年至1900年。

1856年至1860年，英國、法國在美國、俄國等支持下，發動了侵略中國的第二次鴉片戰爭。中國再次慘敗。侵略者逼迫清朝政府先後簽訂了《天津條約》（1858）、《北京條約》（1860）等一系列不平等條約。通過這些條約，外國侵略者從中國勒索了大筆戰爭賠款，取得了一系列侵略特權。其中，與西學傳播密切相關的有：一、增開11個通商口岸，即天津、牛莊、登州、臺南、潮州、瓊州、鎮江、南京、九江、漢口、淡水。後來實際開埠時，牛莊改爲營口，登州改爲煙臺，潮州改爲汕頭。條約規定，外國人可以在這些通商口岸居住、賃房、買屋、租地起造禮拜堂、醫院、墳塋等。二、傳教自由。三、外國人可到中國内地各處遊歷、通商，中國政府應提供方便。四、開放長江。這樣，加上先前割讓的香港，開放的五口，中國被迫對外開放的城市達17個。外國人可以在南起廣州、厦門，中經上海、煙臺，北至天津、營口，東起上海、南京，沿江西上，直到中國内地，這樣廣闊的範圍裏自由活動。其結果，加强了西方列强對中國的政治侵略、經濟掠奪，也便利了他們對中國的文化滲透。

在清政府方面，以咸豐皇帝去世、辛酉政變發生、慈禧太后掌權爲轉折點，中國對外對内政策有了重大調整。總理各國事務衙門的設立，京師同文館、上海廣學會的創辦，以學習西方堅船利砲、聲光化電爲重要内容的洋務運動的開展，江南製造局等機構的設立，中國向歐洲、美洲與日本等地駐外使臣的派出，聖約翰大學等衆多教會學校的創辦，都對西學傳播産生了重要影響。1894年發生的中日甲午戰爭，中國再次慘敗，激起變法思潮高漲，維新運動發生，更推動了西學傳播的高漲。

這一階段，譯介西學方面，有兩支力量同時發力，即清政府官辦機構與教會機構，前者以京師同文館、江南製造局翻譯館爲其著者，後者以設在上海的以基督新教傳教士爲主的廣學會最爲突出，天主教耶穌會設立的土山灣印書館也貢獻甚多。

這一階段，所出版的人文社會科學譯著，數量較前大爲增多，約130種，超過以往約三百年所出同類書籍總數。內容也更加厚實系統，有適應瞭解國際形勢與外國情況需要的《萬國公法》(1864)、《歐洲史略》(1886)、《希臘志略》(1886)、《羅馬志略》(1886)、《四裔編年表》(1874)、《萬國史記》(1880)、《法國律例》(1880)、《萬國通鑒》(1882)、《八星之一總論》(1892)、《各國交涉公法論》(1898)、《歐羅巴通史》(1900)等；有介紹外交常識的《星軺指掌》(1876)、《公法便覽》(1877)、《公法會通》(1880)；有介紹西方歷史、哲學、經濟學基礎知識的《佐治刍言》(1885)、《西學略述》(1886)、《辨學啓蒙》(1886)、《富國養民策》(1886)、《地球一百名人傳》(1898)；有適應變法需要、介紹外國變法的書籍《自西徂東》(1884)、《列國變通興盛記》(1894)、《泰西新史攬要》(1895)、《文學興國策》(1896)；有爲變法運動提供理論支撑的《天演論》(1898)、《民約通義》(1898)；有爲教育變革提供學術資源的《西國學校》(1873)、《肄業要覽》(1882)、《七國新學備要》(1888)、《教育學綱要》(1899)；有合哲學與心理學爲一體的《心靈學》(1889)、《治心免病法》(1896)。《格致匯編》刊載傅蘭雅所作的《混沌説》(1877)，概略地叙述了當時中國還不大有人瞭解的生物進化論觀點。廣學會出版的李提摩太翻譯的《百年一覺》(1894)，原爲美國空想社會主義小説，影響極廣。同爲廣學會出版的《大同學》(1899)，第一次向中國人介紹了馬克思及其學説。

第四階段，1901年至1911年。

1898年的戊戌政變，1900年的八國聯軍侵略中國之役，使清朝政府的威信跌到最低點，中國國際、國内形勢均發生巨大變化。一方面，愛國人士、知識分子失望到極點，革命風潮因之而生，留日熱潮驟然而起。另一方面，清政府實行新政，鼓勵工商，廢除科舉，改革學制，繼而宣佈預備立憲。這兩方面都亟需西學（新學）資源。在這兩方面因素的共同作用下，西方人文社會科學在中國的傳播，呈井噴之勢，從内容到方式、從數量到質量都有巨大變化。

此前，西學知識主要由翻譯英、法等西書而來。1900年以後，由日本轉口輸入西學數量急劇增長，日本成爲西學輸入主要來源地。從1900年到1911年，中國通過日文、英文、法文共譯各種西書至少有1599種〔一〕，遠遠超過此前90年中國譯書的總數。從1902年至1904年，共譯西書533種，其中日文書籍達321種，占總數的60%。

在繁多的中譯西書中，人文社會科學比重加大。以1902年到1904年爲例，三年共譯文學、歷史、哲學、經濟、法學、政治學等人文社會科學書籍327種，占譯書總數的61%。同期翻譯自然科學書籍112種，應用科學56種，分别只占譯書總量的21%和11%。〔二〕所占比重從多到少的順序爲人文社會科學→自然科學→應用科學，與之前幾十年的情形正好相反。京師大學堂從1898年到1911年翻譯、出版西學教科書有六十餘部一百多册，其中人文社會科學類占62%。〔三〕這表明當時西學輸入的重心，已從器物技藝等物質文化層面轉到思想、學術等精神文化層面。

〔一〕見拙著：《西學東漸與晚清社會》（修訂本），中國人民大學出版社，2011年，第11頁。

〔二〕以上數據均見拙著：《西學東漸與晚清社會》（修訂本），第11頁。

〔三〕範軍：《歲月書痕》，華中師範大學出版社，2017年，第165頁。

就内容而言，這一階段所譯人文社會科學書籍，舉凡哲學、文學、歷史、經濟、法學、政治學等各學科，都有頗成規模的系統譯作。

哲學方面，概論性譯作就有9部，如井上圓了著、羅伯雅譯《哲學要領》（1902），德國科培爾著、下田次郎述、蔡元培譯《哲學要領》（1903），井上圓了著、王學來譯《哲學原理》（1903）；邏輯學譯作18部，如楊蔭杭譯《名學》（1902），清野勉著、林祖同《論理學達恉》（1902），十時彌著、田吴炤譯《論理學綱要》（1902）、嚴復譯《穆勒名學》（1905），大西祝著，胡茂如譯《論理學》（1906），英國耶方斯著、王國維譯《辨學》（1908），法國孟德福著、李問漁譯《名理學》（1908）。其他哲學著作（含哲學家介紹、各國哲學、哲學史）9部，如蟹江義丸著、範迪吉等譯《西洋哲學史》（1903）、姉崎正治著、範迪吉等譯《宗教哲學》，井上圓了著、蔡元培譯《妖怪學講義録（總論）》（1906）；心理學譯作21部，如元良勇次郎著、王國維譯《心理學》（1902），長尾槇太郎著、蔣維喬譯《心理學》（1906）等；倫理學譯作10部，如元良勇次郎著、麥鼎華譯《倫理學》（1902）、德國泡爾生著、蔡元培譯《倫理學原理》（1909）；教育學46部，如立花銑三郎述、王國維譯《教育學》（1901），能勢榮著、葉瀚譯《泰西教育史》（1901）。清末一度流行哲學救國論，一批學者認爲救國應先救其人，救人應先救其心，救心應先救其學，而救學則應從譯介西方哲學始。因此，舉凡古希臘、羅馬哲學，西方近代哲學，以及重要哲學家生平及其學説，幾乎無一不被譯介。

文學作品翻譯更是繁盛一時，内以小説最多。據研究，從1901—1911年，中國共翻譯域外小説547

部，散文集22部，戲劇1種〔一〕。對英、美、法、俄、德、日、荷蘭、奧地利、瑞士、希臘等國文學作品均有翻譯，内以英、法、日三國最多。英國的莎士比亞、笛福、斯威夫特、哈葛德、柯南道爾、司各特、哈代、拜倫、狄更斯、斯蒂文森等，法國的小仲馬、雨果、大仲馬、朱力士、迦爾威尼，美國的斯土活夫人、布萊特夫人等人作品都有翻譯。譯自英國的，僅林紓就與人合譯哈葛德《迦因小傳》和《鬼山狼俠傳》等20種、柯南道爾《歇洛克奇案開場》等7種、司各特《撒克遜劫後英雄略》等3種、斯蒂文森《新天方夜譚》等。同是柯南道爾作品，就有周桂笙、林紓和魏易、陳家麟、包天笑等人投入翻譯。譯自法國的有，林紓與他人合譯的《巴黎茶花女遺事》《賂史》，薛紹徽譯的《八十日環遊記》，包天笑譯的《鐵世界》，朱樹人譯的《穡者傳》和《冶工軼事》，陳春生譯的《獄中花》，梁啓超等譯的《十五小豪杰》，魯迅翻譯的凡爾納小説《月界旅行》。從1899年到1911年，從日本翻譯過來的小説有55種，其中1907年就翻譯了11部，内有《佳人奇遇》《經國美談》《謀色圖財記》《美人島》《世界一周》等。〔二〕

歷史學方面，比較重要的有102部，其中通史14部，如作新社出版的《萬國歷史》（1902）、支那翻譯會社的《萬國史綱》（1903）、杭州史學齋的《萬國史要》（1903）、上海通社的《世界通史》（1903）、山西

〔一〕鄧集田：《中國現代文學的出版平臺—晚清民國時期文學出版情况統計與分析（1902—1949）》，華東師範大學博士論文，2009年，第502—512頁。

〔二〕汪帥東：《晚清日本文學翻譯研究》，《當代外語教育》，2018年，第2輯。

大學堂譯書院的《邁爾通史》(1905)、江楚編譯官書局的《萬國史略》(1906)。其中英國李思倫白著、蔡爾康等譯編的《萬國通史》，規模最爲宏大，凡30卷，相繼於1900、1904、1905年由廣學會出版。地區史、國別史52部，如東亞譯書會《歐羅巴通史》(1900)、金粟齋《西洋史要》(1901)、商務印書館《亞美利加洲通史》(1902)、文明書局的《泰西通史》(1903)等，還有英、美、德、法、日等國歷史。變政史、維新史、獨立史17部，如作新社的《英國維新史》(1903)、文明書局的《佛國革命戰史》(1903)、商務印書館的《美國獨立戰史》(1911)，還有關於意大利、菲律賓、希臘、印度等國獨立或變革史。其他專史5部，如開明書店的《近世海戰史》(1903)、文明書局的《世界女權發達史》。人物傳記14部，包括華盛頓、拿破侖、彼得大帝、俾斯麥等個人傳記，還有世界名人、歐洲政治學家、日本維新志士等合傳。

政治學方面，比較重要的譯編有29部，其中政治學概論性的譯作，有高田早苗講述、嵇鏡譯《國家學原理》(1901)，德國伯倫知理原著、梁啓超譯《國家學綱領》(1902)，德國那特硜著、馮自由譯的《政治學》(1902)、戢翼翬等譯《那特硜政治學》(1901)，市島謙吉著、麥曼蓀譯《政治原論》(1902)，美國伯蓋司著、楊廷棟譯《政治學》(1904年以前)；政治學理論譯作有英國斯賓塞著作、楊廷棟譯《原政》(1902)，法國盧梭著、楊廷棟譯《路索民約論》(1902)，浮田龢民著、出洋學生編輯所譯《帝國主義》(1902)，西川光次郎著，周子高譯《社會黨》(1902)，馬君武譯《彌勒約翰自由原理》(1903)，幸德秋水著、中國達識社譯《社會主義神髓》(1903)，村井知至著、侯士綰譯《社會主義》(1903)，加藤弘之著、陳尚素譯《人權新説》(1903)，福井準造著、趙必振譯《近世社會主義》(1903)，英國甄克思著、嚴復譯《社會通詮》(1904)

等。介紹各國政治態勢的有《萬國政治叢考》《最新萬國政鑒》《最新萬國政治制度》《萬國國力比較》《歐美政教紀原》《十九世紀末世界之政治》《美國民政考》等。

經濟學方面，1901年至1911年出版譯作23部。其中，嚴復翻譯的《原富》出版，是西方經濟學經典著作首次完整譯出。1902年，《欽定學堂章程》規定，今後學制三年的高等學堂政科，必須設立『理財學』即經濟學課程，這促進了西方經濟學説引進與傳播。此後，楊廷棟編《理財學教科書》、天野爲之著《理財學綱要》、商務印書館出版的田尻稻次郎著《理財學精義》，均列爲中小學理財學教材。1906年至1908年，政治經濟社等機構出版了《公債論》《租税論》《紙幣論》《貨幣論》《財政學》《計學》《比較財政學》等多種屬於經濟學分支的著作。

法學方面，這一階段譯作特多。從1901年至1911年，共譯法學書籍263種〔一〕，是晚清社會科學中譯書最多的學科。1902年，清廷命沈家本等遴選諳習中西律例司員分任纂輯，延聘東西各國精通法律之博士、律師以備顧問，復調取留學外國卒業生從事翻譯。於是，清政府有計劃地翻譯大量法律書籍。民間譯書機構或出於社會需求，或出於牟利目的，也翻譯了大批法學書籍。從國際公法、國際私法，民法、刑法、民事訴訟法、刑事訴訟法、行政法，應有盡有。不但一般性的介紹法學原理、法學流派、國際法的著作都有介紹，而且各種具體法規法制，如警察學、監獄學，也很豐富。有的同一種著作有多種譯本，

〔一〕田濤、李祝環：《清末翻譯外國法學書籍評述》，《中外法學》，2000年，第3期。

單1903年，《國際私法》就有4種譯本，《國法學》有5種譯本，《法學通論》有6種譯本。1904年至1909年，清政府爲適應法律改革需要，由修定法律館主持審定，翻譯了一大批刑法、民法方面的書籍，包括德國、法國、美國、意大利、日本等國刑法、民法多方面具體法規。1906年以後，中國地方自治聲浪日高，與地方自治相關的自治法規、地方性法規書籍翻譯頗多，諸如《地方自治論》《英國地方政治》《歐洲大陸市政論》《日本府縣制郡制要義》，與地方自治相關的警察書籍翻譯尤多，諸如《最近警察法教科書》《德國警察法》《警察全書》《警察學》《偵探學》。這些書主要自日文譯出，法律也以日本爲多。這一時期引進日本法律最爲全面的一部書籍，即《新譯日本法規大全》，由張元濟、劉崇杰等翻譯，内容相當廣泛，對清末法制改良有着重大影響。

第五階段，1912—1919年。

隨着清廷覆滅，中華民國建立，政治建設、法制建設、公民道德建設等任務提到人們面前，這些方面的譯介著作也隨之增多。與政治建設、法制建設有關的譯作主要有：同是英國莫安仁著、許家惺譯的《英國立憲鑒》（1912）、《英議院權力發達史》（1912），英國布賴斯著、孟昭常譯《平民政治》（1912），美國麥萊著、陳其鹿譯的《美國民主政治大綱》（1912），美國約翰·温澤爾著、楊錦森、張萃農譯的《美法英德四國憲法比較》（1913），日本田中萃一郎著、畢厚譯《歐美政黨政治》（1913），美國黎卡克著、梁同譯的《政府論》（1914），法國路易·普羅爾著、高仲和譯的《政治辨惑論》（1914），日本齋藤隆夫著、姚大中譯的《比較國會論》（1917）。東方法學會譯編法律要覽叢書多種，由泰東書局出版，包括《民法要覽》《民事訴訟法要覽》《商法要覽》《刑法要覽》等，影響廣泛。

有關公民道德建設的譯作甚多，諸如《國民道德談》（1915）、《道德之研究》（1915）、《品性論》（1916）《泰西改良社會策六章》（1917）、《新道德論》等。其中，英國著名道德學家斯邁爾斯（S. Smiles，1812-1904）多種著作被多次翻譯，包括《勤儉論》（1914）、《克己論》（1915）、《職分論》（1917），葉農生、蔣方震、秦同培等均參與譯事。第一次世界大戰爆發以後，有一批與戰爭有關的譯作問世，如《德意志戰論》《開戰時之德意志》《美國總統威爾遜參戰演説》《革命心理》《國際同盟論》。

這一階段，馬克思主義、無政府主義書籍的譯介也有一些，包括 1912 年施仁榮翻譯恩格斯的《理想社會主義與實行社會主義》，是馬克思主義經典文本在中國早期傳播較爲完整的譯本，是恩格斯的著作《社會主義從空想到科學的發展》在中國的第一次譯介。1919 年凌霜翻譯克羅泡特金的《近世科學與無政府主義》。

這一階段，所譯哲學、史學著作，均遠較清末爲少，但文學翻譯勢頭依然很猛。1912 年至 1919 年，共翻譯域外小説 250 部，散文集 35 部，戲劇 3 部〔一〕，涉及英、法、美、俄、德、日、西班牙、奧地利、瑞士、波蘭、比利時、丹麥等國作家，内以英、法作家所占比例爲高，英、法主要作家被譯作品與清末

〔一〕鄧集田：《中國現代文學的出版平臺——晚清民國時期文學出版情況統計與分析（1902—1949）》，華東師範大學博士論文，2009 年，第 512—519 頁。

有延續性，如英國哈葛德、柯南道爾、狄更斯，法國大仲馬、雨果等，增加較多的是美國作家華特生等人的作品，俄國托爾斯泰等人作品也陸續翻譯進來。

以上五個階段，就對中國社會影響而言，每一階段都不能忽略，各有各的影響。但綜合而言，以清末這一階段的影響，最爲廣泛而深入。數以百計的出版機構，數以千計的中譯日書，數以萬計的留日人員，難計其數的雜誌、報紙，將形形色色的西方新學轉口輸入中國。範圍之廣，數量之多，來勢之猛，是此前歷史階段也是民國初年所不可比擬的。這一階段，正是中國廢科舉、興學校的教育體制轉型期，難計其數的各門各科的新式教科書，大多是這一階段編寫的，藍本多取自日本，多取自這一階段的譯書。各門各科的辭典大量引進、編寫，無形中起着規範語言的作用。

四

近代中國被動卷入全球化浪潮之中，遭遇千古未有之變局。在此以前，中國雖然早已與外族有了關係，但那些外族都是文化較低的民族，縱使他們入主中原，到頭來也終歸爲以儒學爲核心的中國文化所化。在中國接觸的世界裏，中國以老大自居，他國也以老大尊之。但是，到了近代，情況大不一樣。中國面對的英國、美國、法國等，絶非先前的夷狄可比。這些對手，既陌生又强大，突兀而來，猝不及防。中國生産方式、生活方式、價值觀念、審美情趣、教育體系、學術體系、語言詞彙，乃至風俗習慣，無不發生深刻的變化。人文社會科學譯著，既是這一歷史變局的産物與證物，也是這一變局的助推器。

以語言詞彙而言，中國今天所用各類新詞彙，大多形成於近代。人文社會科學方面的新名詞，諸如社會、政黨、民族、階級、主義、範疇、系統、規範、唯物、唯心、主體、客體、法學、法庭、民法、刑法、金融、銀行、生産力、生産關係，都是近代出現的，而且大多是從日本移植而來。日常生活所用諸多新詞彙，也主要形成於近代。比如，以『化』字結尾的複合詞，特殊化、現代化、民族化、大衆化、自動化；以『式』字結尾的複合詞，速成式、問答式、簡易式、西洋式；以『炎』字結尾的病名，關節炎、氣管炎、腦炎、肺炎、胃炎、腸炎；以『性』字結尾的複合詞，可能性、現實性、必然性、偶然性、必要性、習慣性；以『界』字結尾的複合詞，文學界、思想界、藝術界、新聞界、出版界；以『感』字結尾的複合詞，美感、好感、惡感、情感、敏感；以『點』字結尾的複合詞，觀點、要點、焦點、重點、出發點；以『觀』字結尾的複合詞，悲觀、樂觀、人生觀、科學觀、世界觀、宇宙觀；以『論』字結尾的複合詞，一元論、宿命論、無神論、唯物論、唯心論；以『法』字結尾的複合詞，辯證法、歸納法、演繹法、綜合法、分析法。還有以『作用』『問題』『時代』『社會』『主義』『階級』等詞結尾的複合詞，心理作用、精神作用、土地問題、社會問題、舊石器時代、新石器時代、奴隸社會、封建社會、人文主義、社會主義、地主階級、農民階級。如此等等，不一而足。

新名詞如此，學科分類亦如此。以『學』字結尾的學科名，財政學、經濟學、生物學、物理學、心理學、家政學、社會學、冶金學，也都在清末定型。

近代譯介的人文社會科學，不但影響了當時的中國社會，而且業已廣泛融入中華文化傳統當中，幾乎無處不在、無時不在地體現於我們的物質文化、制度文化與觀念文化之中，體現於我們的日常生活當中。倘若不信，你且撇開此類新思想、新觀念、新學術、新詞語，寫一篇文章或者講幾句話試試！

鑒此，我們選編了這套《近代人文社會科學譯著選輯》，選擇不同歷史階段較有影響的譯著，分爲五輯，分類如下：1、人文社會科學總論與政治學；2、哲學、邏輯學、倫理學、心理學、教育學；3、歷史學、地理學、社會學、禮俗；4、法學、經濟學；5、文學、藝術、人物傳記。

鑒於嚴復所譯學術名著、林紓所譯文學著作已有多種刊本行世，本書不再收録。

《近代人文社會科學譯著》第二輯第八册説明

本册收録《東西洋教育史》，日本中野禮四郎著，蔡艮寅、賀廷謨合譯，獵較社藏版，上海作新社印刷，上海開明書店發售，1903年出版。

中野禮四郎，生平不詳。

蔡艮寅（1882—1916），即蔡鍔，原名艮寅，後改名鍔，湖南邵陽人，秀才出身。1898年入長沙時務學堂，師從梁啟超。後入上海南洋公學求學，旋東渡日本，先後入東京大同高等學校、横濱東亞商業學校。1900年參加自立軍起義，失敗後入日本陸軍士官學校等校學習。1904年回國，先後在江西、湖南、廣西、雲南等地訓練新軍。1911年，擢雲南新軍第十九鎮第三十七協協統。武昌起義爆發，與雲南講武堂總辦李根源在昆明發起重九起義，使雲南脱離清廷管轄。隨後建立軍政府，任雲南都督。1913年被大總統袁世凱調至北京，僅任虚職，受其監視。1915年，設計潛出北京，並在雲南發起護國運動，起兵討袁。出任護國軍第一軍總司令，在川南與北洋軍鏖戰。袁世凱死後，蔡鍔出任四川督軍兼民政長，因病赴日本就醫，1916年逝世。遺著被編爲《蔡松坡先生遺集》。

賀廷謨，湖北人，生平不詳。除了參與翻譯此書，還譯過《南阿新建國史》，日本福本誠著，廣智書局1904年出版；寫過《天演論書後》，《政藝通報》1903年第2卷第3期。

《東西洋教育史》，内頁作《東洋西洋教育史》，内容實際分爲東洋教育史、西洋教育史兩個部分，但兩者篇幅懸殊，東洋教育史占全書六分之一，西洋教育史占六分之五。《東洋教育史》曆述中國之教育、印度之教育、波斯之教育、埃及之教育與猶太之教育；西洋教育史分爲西洋太古教育史、西洋中古教育史、西洋近代教育史。

《東西洋教育史》書前有賀良樸序言，述東西古今教育特點，認爲日本人原先學習中國文化，現在學習西方文化，走在了中國前面，根源在於現今西方文化與中國先秦文化實有吻合之處，中國當下不可盲目自信，只有切實瞭解東西文化之演變及其實質，才能扭轉國運。賀良樸（1861—1937），字履之，號簣公，别號南荃居士。湖北蒲圻（今赤壁）人。清末拔貢，曾任上海廣方言館監督及郵傳部官員。民國時期歷任北京大學美術教員，藝術學院（藝專）教授，北平畫學研究會導師等職。

此書關於西洋近代教育的部分，經張肇熊翻譯，編爲《教育新史》，已收入本輯第五册。此書出版後，無錫人張競良以此爲藍本，擴充編成《萬國教育通考》，由上海明權社1903年出版。

東西洋教育史

〔日〕中野禮四郎 著
蔡艮寅 賀廷謨 譯

東西洋教育史

獵較社藏版

東西洋教育史

獵較社藏版

序

東西洋教育史日本文學士中野禮四郎之所著也其言曰支那上古之文化何其發達進步今日又何退步至此乎又曰現今我國風尙一傾向泰西教育家之說豈支那先哲之思想果無毫末可採耶痛哉言也日本之于中國同種同文堯舜之道周孔之教彼曩時之所服習也自明治維新我先哲之流風餘韻遂唾棄之不少惜反疑其本無可採嗚呼此未可咎日本之變而離宗毋亦我國人于堯舜周孔之留傳遺其精神而幷失其面目不足以繫人觀念耶泰西人士日出其所學以號于人而人亦相率崇

奉以爲可法可師彼其政治之迹教化之原蓋實有與我先哲制度相脗合者人進我退而我亦不得不舍己從人又何怪日人之非笑我也頃者國步阽危　明詔變法抵掌時事者莫不以興學爲急務而盲人問路罔所適從或近取諸東鄰或遠求之西國糢糊影響僅沾沾于方言圖算工藝體操以爲盡教育之能事而于宇宙洪大之奥義與人心微妙之眞理未有能研究者吾國人之大患非過于自信即過于信人其自信也則尊己爲神明之胄雖社會糜爛已至不可收拾猶冥然悍然而不悟其非其信人也則震撼于列國富強之術如神如天俛首下心若不

可及至叩以各國之所以變遷者若何所以進化者若何所以成立者若何則又瞠目結舌不能一語其自信者則矜言守舊其信人者則侈言求新吾不知其爲舊爲新之實際安在徒騖此虛名爲互相攻擊之具黨禍日酷而國家危亡隨之不亦大可哀耶是編所述東洋教育家則首支那而次以印度波斯埃及猶太于支那尤三致意令人慨想堯舜周孔往時教育之盛而愈以見今者之衰其述西洋則首太古時之希臘羅馬次中古教育家次近代教育家而終以十九世紀教育之大勢上下縱横使知泰西各國之氣象日新其由來蓋亦有漸然則我國教育非患

其不能新特患其不能舊能復中國先哲之舊以進求泰西學者之所爲新庶幾人才蔚起而國運賴以轉移乎雖然盛衰興廢之故吾國人動諉之于天今之主持敎育者猶如是其憒憒吾亦惟咎天可也

光緒二十有八年壬寅冬仲蒲圻賀良樸

四

東洋西洋教育史目次

西洋近代教育史

東洋西洋教育史目次終

教育之勢力

東洋西洋教育史

日本文學士　中野禮四郎　著
湖南蔡艮寅　安徽姚佐燧
湖北賀廷謨　譯述　湖北賀尹東　校正

總論

教育之勢力　適合於國情之教育法　教育史研究之必要　教育史之性質　東半球教育之發達　西半球教育之發達　我國自支那所受教育思想之影響　我國自西洋所受教育思想之影響　日本教育史研究之必要

五千年以來。國於地球之表面者。雖不下數千百。然國家之盛衰。文化之消長。無不眡其教育之良否。希臘蕞爾國也。而能破波斯百萬之衆者。則以古爾達司索諾之教化得其宜也。近世德意志國運隆隆。亦有朝旭初昇之勢。因法帝拿破崙蹂躪之後。維廉皇帝一意專心。獎厲教育。嗣於普法戰爭後。益計教育之普及。然則教育之必要。既爲世人所知。今更毋煩贅述矣。方今以兒童教育、爲國家之一大義務。以國家之權力而强制之就學。老師夙儒。無不相競而推求改善之方法。由是教育學遂進於學術界而爲世人所樂受之一學科云。

適應於國狀之教育法

嘗觀國家之成立。無不備獨具之特質。英國有英國之特質。法國有法國之特質。故適合於德國國民之教育法。必不適合於美國人之氣質。適合於俄國之教育法。又難採之而施行於日本。我日本上下二千載。僻處於絕東大海洋之中。吾國民恍惚爲武陵桃源中人。無論觀其國體之成立。與其國民之氣質。其可稱之特質頗多。上奉萬世一系之皇室。下限於所謂天孫人種之一國民。富於愛國之至情。以孝悌爲人生之一大美德。排斥個人制而採用家族制。與他人比較。爲乏於宗教心。故專養成儒教主義武士道。此國民者。果宜採用如何之教育說。施行如何之教育制。伯斯他若齊之說。果合於我國體乎。伯爾巴爾德之教育學。直可採之以施行於我國乎。

教育史研究之必要

欲討究是等之問題。則不特有所資於教育學而已。必不可不求助於教育史。以研究東西洋教育說之進步發達。與教育制之推移變遷。現今歐洲諸國之富强

教育史之性質

文化。果如何而教養之乎。支那上古之文化。果如何而發達進步乎。至今日又如何退步至此等狀態乎。以是鑑於我國文運發展進步變遷之後。果以如何之教育說。爲適合於我國之民情性質。果以如何之教育制度。爲順應於我國之國體習慣。今必以此研究之。始可主張我日本之國家教育。今之專門於教育學者。其必知此義。即欲窺教育學之一斑者。亦不可不知教育史之大要。然教育史於諸歷史中。最爲困難。其涉於教育之全體者。旣宜指示其起源沿革之大要。又宜網羅諸教育家之傳記學說教法。以知教育學之原理。與實際教育之關係。及其變遷進步。且宜爲叙事體。以述各國教育制之發達變遷。使讀者了然於彼此之教育說。遂能判別其制度之良否。斯豈易爲之業耶。

東半球教育之發達

教育不僅爲教育之發達。又於社會之進步大有關係。其結果自分爲東西兩半球。各有獨得之發達。今略言之。一發源於黃河之兩岸。以成漢人之文明。所謂東洋之文化。與孔孟之儒教教育說是也。其後有印度釋教之佛說。東流而注入於支那。雖被以異教之名。實亦有佛教之眞理。宋世以後。儒教主義大昌。爲支那哲學最盛之時代。朱子王陽明等。學者輩出。原於心理學上之觀念。而立心身教養之說。文化燦然爲東洋文明之中心點。其波及教育思想於我國。至於德川時代。始收其效。是即所謂東半球之文明與其教育之進步也。

西半球教育之發達

一發源於希臘。而起於斯巴達之武勇與雅典之文學教育。而創立羅馬帝國政治之中心。遂移於維多利亞半島。於是其教育說。亦專稱道羅馬之學者。至羅馬帝國瓦解而爲暗黑時代。教育之學大衰。僅維持於寺院僧侶之手。不幸有不德者。並寺院亦陷於腐敗。及路德出而宗教改革。古學復興。教育又漸盛。其後德英諸國。有孟德斯鳩、喀面紐斯、陸克、盧騷等之教育家輩出。專心於教育說。康德及伯斯他羅的起。而歐洲之教育界。遂有一種新氣象。及丕爾巴特出。遂使德意志爲近代學術界之中心。與教育學說之中心。各國相競奉以爲法。是即西半球之西歐文明。其教育之進步也。

我國自支那教育思想所影響之狀況

我日本立國於世界之極東。古時除支那朝鮮外。絕無外邦之交涉。雖承他國之文化不甚多。然支那既爲東洋文明之中心。則彼國文化之影響於我國者不少

我國自西洋教育思想所影響之狀況

本日教育史研究之必要

矣。自奈良朝之始。至於德川氏之末路。此千餘年間。無日不仰其流風餘澤。有儒佛二教之輸入。而我國之教育說。亦與爲消長。洎至於一採支那之模範。不少變。然其影響之長。與所輸入之文明。皆以我國之風尙融化改鑄之。而不似其原形。即所謂直譯而輸入者甚少。不可謂非我國之幸福也。至泰西文物之輸入。則自嘉永年間。不里之來朝。始開其端。其時尙在半世紀。及明治改革以後。而西洋文明風潮之輸入滔滔。不知所止。然尙未能以我國之風尙改鑄融化之也。自時之先後言之。則輸入泰西文明之時期。較之輸入支那文明之時期。尙無二十分之一。而其所輸入之實質。殆有不能判別其多寡者。現今教育社會之風潮。一傾向泰西教育家之說。從不顧及於我國風尙之如何。斯果可喜之現象乎。雖自科學中觀之。其所論述之教育學。不出於西歐大家之外。而教育制度之完備。亦莫逾於德法兩國。吾不知支那先哲之思想。果無毫末之可採耶。抑我國數百年來之習慣中。果無可採用之材料耶。余願爲教育家者。毋徒苟同於世。而以餘暇研究東西兩洋之教育史。以參觀於日本之教育史。其不能損益盡善者。吾不信也。

第一編　東洋教育史

第一章　支那之教育

周以前教育概論

（一）自太古至于周代以前教育之概論

支那爲世界之舊國。其文化夙開。教育普及于四方。太古草創之世。無歷史可考。然自古傳說徵之。伏羲之世。起牧畜之業。至于神農之世。開耕種之道。創醫藥之方。及于黃帝之世。人智漸進。始作文字。見日月之象。考歷算。設度量衡。及于堯舜之世。教化之法始備。契敎五倫之道。伯夷治禮。夔治樂。是爲支那始以五倫與禮樂而施其教育之淵源。其後教學之大本實在乎此。降至夏殷之世。始設校序。是爲學校設置之嚆矢。爾來教育之方法。漸次就緒。逐日而文化漸進。

周代之教育

（二）周代之教育

教育制度　教育法

至於周代。文物益開。教育之制度大備。當其盛時。大學中學小學等之設置。殆皆完備。上自王侯。下至于庶人。有盡行就學之制。而五教六藝之教。今略述當時之

教育制度

教育法

教育制度及教育法。

（教育制度）邑設小學。以八歲爲入學之期。教授人倫道德之大本。及普通之讀書算術于國民。十四歲卒業。郡設中學。教射御書數。又國內置五大學。各使之修專門學。而以九年爲卒業期。其本旨在養成以德致治之人材。要之不出乎修身齊家治國平天下之外。而大學爲王侯之所學。中小學爲庶民之所學。

教育上男子至于六歲。教以淺近之數學。八歲教以長幼之序。至于十歲。始教以讀書算術音樂。十五歲授射御。二十歲雖爲成人。修禮樂五倫之道。然尚未敢以教人也。三十而有室。始盡男子之職務。四十始仕。又女子自七歲之時。不出門。學五倫之道。及養蠶裁縫洒掃等之事。習祭先之禮。十五而笄。二十而嫁。

（教育法）當時之教育法。自近及遠。由易而難。因于心意發達之理法與順序。取自然開發主義之方法。自父子之親。而及于兄弟之愛。朋友之信。長幼之序。君臣之義等。自洒掃應對。而進于禮樂射御書數等。

（三） 春秋戰國時代之教育

孔子之略傳。其敎育意見。女子敎育意見。其敎育法。孟子老子墨子楊子

至周之季世。以道德與禮樂所檢束之社會。而成爲言論自由弱肉强食之世界。于是禮廢樂崩。道德掃地。異端邪說。羣然蜂起。其敎育主義。亦至不齊。而激于偏端者。則爲老子。蓋老子觀于天地之妙理而立一新說。以堯舜之敎。爲背于自然。逆于人世。而脫離俗塵。求道德于自然。曰聖人不死。大盜不止。其後列子莊子輩祖述之。至孔子出。以爲異端之亂人心也。隱然爲世道憂。專主述先王之遺訓。而孟子荀子之徒。實附和之。又墨子倡兼愛。楊子主利己。議論百出。諸子相攻。乃一一探究其眞理。使窮理之知識。大爲發達。吾人無論以如何之眼光。研究支那之文明史。其智力競爭之激烈。與其發達旺盛。從未有過于此時代者。今吾人欲表當時敎育之狀況。爲講究諸大家之主義方法。而窺其大勢。不能不先記孔子。

（甲）　孔子傳畧並其敎育意見

（孔子之傳畧）孔子于東洋之歷史上。爲深遺其敎育上之効績于天下後代者

其教育意見

之一人也。名邱。字仲尼。去今二千四百餘年前。生于魯國。初爲吏。能盡其任。後問禮于老子。歸而教育諸生。修詩書禮樂政刑。念先王之遺訓。其爲魯公所招而任其國事也。綱舉目張。頗有治蹟。後辭去。游歷列國。其道不行。乃歸魯。作春秋。弟子三千人。年七十三而歿。孔子天姿溫和。寓威猛于嚴肅。爲恭敬謹愼之人。有爲教育家之德性。

（孔子之意見）孔子罕言人性。論語云。人之生也直。又云。性相近。習相遠。又于大學中立明德之說。以此觀之。則孔子以人性爲所賦有善美之天禀可知。然其本善之性。能爲外來之誘惑所隱蔽。猶如明鏡之怠其磨擦。而失其光明者。故以教育爲必要。智愚賢不肖之所分。一係於教育。雖爲愚者。苟勉强不怠。亦可爲賢者。苟教育得其宜。雖矇者亦得變爲智者。可見教育爲人間一日不可缺者。而其教育之主眼。在于修養其天賦善美之資性。進於道德。以成爲完全無缺之人間世。子祖述唐虞三代之遺訓。以孝行忠信仁愛禮義智勇等爲達德之本。以修身齊家治國平天下爲人間道德之最大目的。而人間萬般之道德行爲。無不自仁而出。達于德者、在于得其仁。達于仁者。爲教育終極之一目的。蓋仁爲道德之大本。不違于仁而又能實行之。即可謂有道德之人。子之教育歸重在修身齊家治國平天下。凡奉其教旨者。得志則見用于天下。進而爲政治家。出其所學以經綸天下。而撫字其國民。不得志則退而爲教養家。修五倫之道。以教化其人民。

女子教育意見

（女子教育意見）孔子雖不重女子教育。而亦非放棄之者。其說以從順爲女子之第一美德。以得此美德者。爲完全。若才學智識等。則不過第二等之希望而已。非其所矜重也。孔子常告哀公曰。女子順男子之教。爲男子處理一切之事。凡有所作爲。一事不得專斷。又曰。女子有三從之道。在家從父。出嫁從夫。夫死從子。以此爲婦女之美德。其日常之職務。居于梱內。以主中饋。外言不入內。言不出。以幽嫻貞靜爲貴。特未設教科以教育之耳。

其教育法

（教育法）子之教育法。乃鑑于先王之遺制。而適合于心意發達之理法與順序。爲心意開發之方法。曰不憤不啓。不悱不發。舉一隅不以三隅反。則不復也。是即孔子之教育法。是可知孔子爲開發之教育家。又曰。學而不思則罔。是不獨注入

孟子

之而已。又須自然及于啓發。而識見遠大。智能超邁者。始可謂學。而其教人也。循循然善誘人。其秩序整然。自易而難。由近及遠。自簡單而進于精密。要之孔子以生徒已身之能力。使之自然理解。如講其仁。不自發之。待弟子之質問。始與之解釋。以爲常。以生徒各自應于其智力發達之度。而有各種之質問。故教之之法。不能一致。在酌量其智識發達之度。而適宜教導之。以如此之教授法。而說明仁字之義。爲種種之說法。以其所能解得者。教之于反覆丁寧中。而加其訓誨。使之自有所啓發。其教法以詩書禮樂爲要素。又以射御書數等而同教之。

（乙）孟子

孟子者。孔子之孫子思之門人也。學成後。遊說于齊梁等國。傳食于諸侯。時際戰國擾亂。道德掃地。禮廢樂崩。富國强兵之說。當時諸侯歡迎之。而以仁義道德之言。皆爲逆耳。各國相競。弱肉强食。雖以孟子之賢。無用之者。乃退而教弟子。傳道以終其世。著孟子七篇。即其語錄也。孟子與孔子有不同者。以孔子但言仁。孟子兼言義。又探究人間之心性。而倡性善之說。謂人苟行仁與義。必可達于聖。蓋孟子七篇。悉不外乎此宗旨。其要在于正人間之性。而啓發其良知良能。在于教育其一個人。而治其一國家。其言仁義禮智信諸說。可謂反覆而詳盡矣。

（丙）　老子

老子　老子。楚人。畧先于孔子而生。其同時人也。仕周爲柱下史。及周衰也。隱去。莫知其所終。有遺書。稱老子。其議論激于偏端。意義高遠。而不能窺其奧。其主旨謂仁義禮樂爲背于大道。欲反于上古之治。使人間萬事。從于自然。衆人熙熙。無智無爲。以致天下太平。其後有列子莊子二子出。皆祖述老子之道。老子深惡世上之虛禮假飾。以人生之虛僞爲不足賴。以放棄現世而爲救濟現世。

（丁）　墨子

墨子　墨子。宋人。後孔子生。其主義與先王之道無大差。而與楊子共排擊孟子之所爲。故孟子有楊墨之道不息。孔子之道不行之語。可見楊墨攻儒之甚也。墨子之意見。爲博愛主義。以爲天主宰萬物。欲人之相愛相親。而不願人之相惡相賊。乃說博愛。主節儉。而以音樂可廢爲極論。蓋當時支那之風習。相競于美衣美食。尊厚

楊子

秦代敎育

葬。其服喪之期甚長。墨子排斥之。去驕奢之風。論相侵之害。爲博愛主義。要之墨子敎人種之平等。謂天之視人固爲同等。而惠以均一之利。排斥無益之虛飾與儀式。又墨子于敎育上之主義。以爲近朱赤近墨黑。謂惡友不可以交。而一新學者之風紀。

（戊）楊子

楊子之說。全與墨子反對。爲自愛主義。即自愛其身。使其生樂。其心處于澹恬無爲之境。天下亦同於無爲。蓋當時競爭名利之勢甚強。弱肉而強食。聖賢之敎與墨子之博愛說。共爲世所不容。人倫五常之道。全行掃地。楊子推究人生之問題。而倡自愛主義。積各人之自愛。而成爲天下之治安。

（四）自秦漢時代至于唐代以前之敎育

秦代敎育　漢代敎育　其敎育法　漢以後　唐以前敎育

（秦代敎育）至于秦始皇之世。而社會生一大變動。即敎育中亦一大衰微。蓋當時諸子百家之說廣行於世。橫議百出。無所統一。帝知其有害于治平。乃排斥儒墨之說。納李斯之言。坑儒焚書。以苛刻之法律。而壓制天下。擧酷吏以當教育之、任。於是賢者絕迹。而眞正之教育。亦歸于絕滅。秦世殆全爲暗黑社會。然幸而有藏儒書于屋壁者。有遁迹于山林者。先王之道。泯而不泯。至于漢世。叔孫通陸賈等之人材輩出。漸追前代之遺緒。而力挽前代之教育。然當時只墨守先哲之說而已。更無進研究其眞理者。數世之內。一盛一衰。無可觀之進步。漸至于魏武帝時。始立大學。置博士。教化之道。漸備。而南北朝之戰亂又起。其教育雖漸歸于回復。而于此又遭遇于衰頹之悲運。今述漢以來教育之大勢于左。

（漢代教育）漢興以來。大盡力于育英之事。高祖聘叔孫通制禮。惠帝除挾書之禁。武帝召公孫弘爲宰相。納董仲舒之言。設大學。置五經博士。獎勵學官。至于光武之世。更改正大學。其後益赴于隆盛。質帝之時。學生之數。逾于三萬。然徒以儒道爲教育之大本。學者獨囿于儒書。不更倡一新學說。至桓靈之世。反動力大起。學者多倡其新說新理。至其極也。以奇言奇說。容其喙于政治上。思有所改革。終遭黨錮之難。當代有名之人。在西漢者。有若司馬相如、賈誼、司馬遷。在東漢者。有

其教育法

漢以後唐以前之教育

若班固等。能使學問社會。勃勃有生氣。

（其教育法）當時之教育法。恰與西洋十八世紀英國教育家丕爾及朗加士香之助教授相似。以高等學生集于講堂。使之講述學理。以教下級生徒。以門人互相傳習爲法。故下級之少年初學。無與教師直接者。

（漢以後唐以前之教育）至于漢之末葉。而黨錮之難以起。晉以後之學者鑑之。又絕思想于治教。輕世肆志。泥于老莊之說。其極也。遂飲酒放論。一時成風。其後五胡亂之。學術益沈滯。此時教養之道。至不堪問。一浮一沈。恰如扁舟之漂流巨浪中。魏之孝文帝明叡好學。建國子太學四門小學。而治教之道復隆。獎修儒學。當此之時。南朝與北朝教育全異其趣。北朝概講經學。講修己治人之道。南朝則泥于老莊之迹。輕世事。尚風流。弄文詞。要之戰亂無已時。則教育終歸于衰頹而已。至後隋之世。初有王仲淹出。實爲當時第一流之教育家。作中說十篇。居家授徒。恭帝之時。年三十四而歿。此蓋秦漢以後有數之大儒。唐之魏徵杜如晦房玄齡諸人。皆出其門下。

（五）唐代之教育

教育制度　學問社會之大勢

自唐太宗之時。欲挽回前代教育之衰。以文學爲治國家之大本。而教育之道大進。其後三百年間。文運之命脈不絕。自是我日本帝國屢遣留學生輸入其文物。我邦之支那文學。乃傳其自此時代至于宋代間者。

（教育制度）太宗好學。初起文學館。合杜如晦房玄齡陸德明等之學者。組織學士會院。共議政治。後設弘文館崇文館。爲王公貴族之教育所。又大起國學。分國子大學四門律學書學算學之六部門。以獎勵學問。其科目概爲九科。而又分之爲三級。以禮記左傳爲第一級。以詩周禮儀禮爲第二級。以書經易經公羊傳穀梁傳等爲第三級。通于二學科以上者。得應官吏登用試驗。又以論語孝經稱爲通經。爲一切學生所必須習者。若今之普通學。然今述國學六部門之入學規定于左。

國子學　以文武三品以上之子孫。及　從二品以上之曾孫爲主。而以定員爲三百名。

大學　以五品以上之子孫及　三品之曾孫爲主。而以定員爲五百名。

四門學　定員爲千三百名。以其中五百名使文武七品以上之子孫入學。以其中八百名使庶人之得選爲秀才入學。

律學　以八品以下之子弟及庶人之得選爲秀才者。而以定員爲五十名。

書學　入學者之資格。與律學同。而以定員爲三十名。

算學　入學者之資格。與律學同。而以定員爲三十名。

于右之外。又于郡縣置學校。與國學同。得應于官吏登用試驗。蓋支那教育之目的。其在于古者。全在于養成吏才。至于春秋以後。此風漸減。至是亦復于古。教育者務養成官吏。生徒汲汲于爲官吏。自是鑑于前代之學者。徒弄文墨。流于放逸。經國濟民之學頓衰。有鑑于此。專研求先王治天下之道。修藝之風。遂起。自然傾向于實學。

學問社會之大勢

（學問社會之大勢）支那智識發達之盛者。以春秋戰國之世。爲新說奇論湧出之第一時代。此史家之所公論也。然文學之盛。則遠不及于唐代。而其最爲首屈一指者。則以韓退之爲其魁。欲慕孟子。明孔孟之道。詆排老釋諸說。卒以排佛貶潮州。退之之文。豪岩卓落。閎深雄健。有神出鬼沒之概。能繼八朝文學而空之。爲古文學之中興。實非偶然也。其次爲柳宗元。出入于經史百家。其文精嚴深刻。簡潔奇峭。有雲霧四散。峯巒兀立之觀。詩如杜少陵李太白白香山。皆足以發揮天地之鴻大。抉出人心之靈妙。爲亘古不磨之大文字。其他王維、孟浩然杜牧李商隱之輩出。又一變詩文之體。其他經學史學音學律學等。皆無不有大家輩出。書法推褚遂良顏眞卿等。畫法以李思訓吳道玄等。擅絕其妙。百般之學術。皆有空前絕後之進步。

此時教育上之困難。在於言語之變更。蓋漢儒之註解。既不可以解。乃加之以疏。爲便于學者。此時教育漸漸盛大。至于五代之世。徒以文爲治國之大本。致使武臣弄權。再致衰微耳。

（六）　宋代教育

宋代教育略

哲學與佛教之關繫

宋代教育畧　哲學與佛教之關係　哲學及　其學說　朱熹之略傳　其主義　其教育法　學問社會之大勢

宋之末葉。有印刷物之發明。群籍漸至于傳播。教育普及之道。遂開。然不幸而遭遇于世之變亂。中流以上之人。不遑學問。發達亦不甚速。太祖之時。深有鑒于前代武臣跋扈之弊。乃以輕武重文治其天下。爾後教育之道大興。國子大學、律學書學武學算學等之制度完備。佛教亦極其隆盛。其哲理影響及于教育上。雖其文學較之唐代略遜一籌。而其哲學實爲宋代特有者。今示其梗概于左。

（哲學與佛教之關繫）　宋代教育之進步。其結果之可觀者。在哲學思想之發生及其進步。自始皇焚群籍。而漢代以後之學者。于孔孟諸家之遺書。附其註釋。至于唐代。更加以疏。惟不過祖述先輩之學說。然無傾其心于宇宙洪大之眞理與人心微妙之理性者。其間雖不無學者之發明。然全不外乎徒弄文詞而已。先是佛教於後周之世。已殺其勢力。自是又再趨于盛大。有明教佛鑑圓悟大慧等之高僧等出。演說其鴻大無邊高尙靈妙之哲理。學者頗感染其說。于不知不識

哲學者及其學說

之間。養成其哲學思想。即孔孟之書。亦以哲學之眼孔讀之。不拘拘于章句之末。遂淵高遠之哲學。而其最盛者。在于北宋之中葉。以至于南宋之間。

（哲學者及其學說）當時哲學者之所說。在于性命理氣太極等。其議論無大差。若周敦頤、邵雍、程顥、張載、朱熹、陸九淵等。其有名者也。其中程顥、程頤、朱熹、陸九淵。世所稱爲二程朱陸。爲斯學之鼻祖。今述是等學者所說之一班于左。

周敦頤著太極圖說。探究哲理。攷究人間之性靈。曰。天地間未有若道德之足尙者。苟處于道。安于德。雖一箪之食。一瓢之飮。有至味在于其中。欲以此減人間利欲之念。而導之使向于道德。

邵雍以其天圖得名。推究天地之運動。又能盡力于人性之研究。其說曰。以物觀物。性也。以我觀物。情也。性公而明。情偏而暗。心爲性。膽爲情。性爲神。情爲鬼。

程顥爲程頤之兄。年少時。大有所感。孜孜然與儒老佛之書相親者。至數十年。極儒學之堂奧。作定性書。論究格物致知。以至于治國平天下之理。世稱之爲明道先生云。

程頤亦自少時欲學于聖。讀儒書。遂以大學中庸論語孟子等六經爲人間行爲之模範。曰不失其仁義禮智信。不戾于天理者。可至于聖。即世所謂伊川先生是也。

張載自少時修儒老佛之學者數年。于六經有所得。研究人間氣質變化之哲理。曰知其禮而成其性。可以變化其氣質。蓋道者無形也。有形之禮與無形之道合。始足以知道。

陸九淵與朱熹同時。雖同祖程子之學。而其說「自然」與朱熹不合。蓋朱熹之學。以博學爲先。而後歸于約。九淵則先明其本心。而後博學。是其兩家不同之要點。因此而教授之方法亦大相異。朱熹之教授自陸派觀之。其法爲煩雜。不能一定。專偏于見聞。九淵之教授法自朱派觀之。爲過于簡畧。而偏于德性。然其涵養心性之目的。二者之間無大相剌謬處。

（甲）朱熹之畧傳并其教育意見

（朱熹畧傳）朱熹、字元晦。南宋之世生于閩中。自幼好學。從程頤之弟子修其哲理。年十八舉進士。作官五十年。至年七十一而歿。朱子常集弟子講修身治國之道。傍有四書集註通鑑綱目近思錄小學等之著作。其熱心于教育。見學生之好學者。則喜隨之。其難進于道者。則憂形于色。以是講論率至于夜半。雖有疾病。而學生之問難者。忘其沈痾。一日不講學。則心不樂。

其主義

（其主義）朱熹以程子之哲理爲基礎。以格物致其知養其性爲主。曰世間萬物。變滅於須臾。凡去過之事。皆不足置于胸中。唯修身窮理有究竟之法。精神一到。而金石亦開。於此可以知彼之宗旨之所存矣。

其教育法

（其教育法）初入小學。以父子之親。君臣之義。夫婦之別。長幼之序。朋友之信等。教五倫之道。入大學。以其既知者而期于實踐。若以誠意而篤其行。以誠心而修其身。則家可齊。國可治。而天下可以平。重道德之實踐。謂知道而不實行之。則較之毫不知者相等。凡幼年之時。先自灑掃應對。次第而進及于愛親敬長等。以諸般之禮讓之法教之。不知不識之間。若徒具其年齡。而染世俗之惡習。不能貫其教育之目的。不能及一小學中之兒童也。自父子之愛情。及于長幼之序。朋友之

學問社會之大勢

元明教育大畧

交自易而難。自微而巨。蓋氏爲當代哲學家中之有名者。實教育家之泰山北斗也。

（學問社會之大勢）唐代之學問社會。一時之隆盛。及于非常。可謂至于支那文學之極頂。而至其末葉五代之世。而教育社會之衰微。與文學之退步。至不可問。至于宋代。而氣運復興。文人輩出。遂至於與唐代文學無相讓者。如歐陽修、蘇洵、蘇軾、蘇轍、王安石等之詩文。皆足以睥睨一世。其中如歐陽修、蘇軾二氏。與韓柳二氏並稱。而宋代文學隆盛之餘波。已越重洋。與我德川時代文學之影響者不少。

（七）元明時代之教育

元明教育大畧。　王陽明之畧傳。　其主義良知說。　其幼童教育意見。

前代哲學之進步。與一切學問之發達。其教育雖有漸進之途。而宋世滅亡之後。元代教育。終始萎微不振。雖尚存程朱之遺風。有姚樞、許衡、劉因、吳澄等之學者。

有楊載、黃潛、吳來等之詞客。皆不足爲教育家。降至明代。教育漸隆。而程朱學復盛。雖偶有二三人排斥朱學。然朝廷制之。不使逞其攻擊。由是朱程一派之教育。獨趨于盛大。其後王陽明起。說良知說。其徒羅洪先、王幾、錢德洪等稱述之。盛幾有壓倒程朱之勢。自是朱子派陽明派。互相對峙。互相頡頏。而智力之競爭遂起。即教育亦愈振。劉基、方孝孺、李東陽、袁宏道、陳獻章之徒。皆爲當代知名之學者。然當代教育大家之足稱者。不過有哲學家王陽明而已。

（甲）　王陽明之略傳並其教育意見

（王陽明之略傳）王陽明爲當代之大哲學家。而又爲有名之教育家。名守仁、字伯安、明餘姚人、爲陽明學之鼻祖。天資英邁濶達。年十七。見國王。述饒婁諒與朱子格外之大旨。還家端坐讀五經。後遊九華。歸築室于陽明洞中。修學數年後。以事謫於龍場。以地僻無書讀。日繹舊聞。萬事皆訴於自已之心。大有所發明。遂悟格物致知之理。曰。格物致知自求之心。決不可求之人。當務在于致其良知。遂大倡良知說。天下翕然。從風。其學說廣行於世。弱冠仕官。年五十七。至不可病療時致仕後無幾時而歿。氏折衷儒家經世之妙術。與禪家涵養之神性。以己身之達見爲中心。確定己身之主義。其良知說爲教育家之大可味者。

其主義良知說

（其主義良知說）其爲教也專以致其良知爲主。是氏爲教育上之大主義。氏之解識良知曰。良知爲造化之精神。生天生地。成鬼成帝。而萬有皆自此出。又曰先天而天勿違。天即良知也。後天而奉天時。良知即天也。又曰以一點之良知。爲自家之準則。而意念之所着。物是知其是。物非便知其非。

其幼童教育意見

（其幼童教育意見）氏于兒童教育。痛擊當時之弊害。其言曰。凡兒童之情。好嬉游。嫌拘撿。猶之草木之始萌芽。舒暢之則條達。抑撓之則痿縮。今教兒童者。必與以興味。而鼓舞其中心。使之向于喜悅。而後導之。則其進有不能自止。恰如風雨之得時。而草木之萌芽暢發。其發生雖速。若遇冰霜之酷烈。則生意蕭索。日就枯槁。近世之訓蒙稺者。日惟督之課以句讀。責其檢束。而不導之以禮。求其聰明。而不教以次序。徒用鞭撻繩縛。待學徒如罪囚。視學舍若囹獄。視其師長如寇仇。規避掩覆。以遂其嬉遊。詐飾以肆其頑鄙。偷薄庸劣。日趨下流。是蓋驅之爲惡。而尚欲望其爲善。是何異緣木求魚耶。

（八）清國近代之教育

守舊之俗。教育之狀況

清國守舊之俗

以養成吏才爲教育之方針。遠淵源于唐虞之世。自隋唐之頃。漸以文藝爲進用人才之道。姑息因循。以至今日。而其褒古貶今。賤實學。崇虛文。以浮華文弱爲風。守舊而失於拘泥。唯日讀聖賢之書以獵取功名。不知研究日新之學問。是以文運日退。國勢日傾。教育之法。教育之制。亦無足觀。今揭其一班於左。

教育之狀況

（教育之狀況）學校大別之爲二種。一、教滿洲蒙古人。一、充漢人之教育。前者、稱官學。別之爲宗教覺羅學、旗學、三部。以教育宗室之子弟覺羅生之子弟及八旗之子弟之學校也。後者、分爲國子監府縣學書院義學等。國子監與大學相對。教高官之子弟及貢生。其他各府縣學有府縣學。各鄉村有書院。又有義學之設。義學者。所謂貧民學校。司貧民之教育。授日用普通之智識。其教育之資費。以集捐而成。雖有此各類之學校。而中人之家。必聘教師。爲子弟之教育。視其貧富之程

印度族制

度。或一家而聘數人者有之。或合數家共同聘一教師者有之。其教育法甚不完全。不過以儒書反復讀誦之而已。盖國家教育之制度未能整頓。國中皆無知識之民。妄自尊大。自稱中華。嫌忌外人。貶外人爲夷狄。又疑忌西洋之學術。文運之進步頗遲。近年京師起同文館。教外國語言學。拔擢秀才。留學於歐美諸國。漸輸入泰西之文物。日清戰爭後。始知我軍隊之强弱。全在于採用泰西文物與否。欲輸入西歐之文明。多派遣留學於我國者。數逾六百人。

第二章　印度之教育

族制。教育之狀況。釋家之畧傳。其意見。佛教之影響。現今之狀況。

印度古時。其國民有上下階級。分僧侶、武士、庶民、奴隸、四族。其第一、級以宗教與教育而統轄他族。第二、級於政治上統御下級人民。若第四級則服于以上三族之使役而已。一切與女子相等。殆不能授其教育。而其教育之制。即所謂門地主義族制教育。使各族受不同之教育。乃習熟于因各階級固有之慣習。然自佛

教育之狀況

教起。而打破其階級。重平等自由。由是教育之法則未少變。猶依然重其僧侶。分其族制而階級教育之毒。遂延之不衰。

（教育之狀況）古者兒童至六七歲入學校。教師爲僧侶。不受俸給。以生徒之謝儀資其衣食。其學校無一定之制。或聚徒講說于老樹綠蔭之下。而施其教。若遇天雨。亦不過移之蔀屋。其教科以道德與作法爲主。兼有讀書算術習字。習字一科。幼年學生以沙習之以爲常。其教授法恰與不爾及則加士吞之助教授法相同。設互教法。以上級生爲助教員。充教授補助之任。管理法頗寬。不至非常之時。不得漫加笞杖。至日課之終。在家教其可躬行之禮儀作法。教訓既終。生徒一同跪於教師之前致敬禮。歸家以爲常。而生徒之尊教師。雖如父母。而其教師多怠惰。或有午睡者。生徒在其間屏息自修。以不害其安眠爲禮。以此之故。致普通之進步甚遲。固有以也。高等教育爲古來所最注力者。其進步之度亦甚高。元來僧侶雖出于教育之目的。至于後年武士庶民受之。然其全科卒業。必須十二年方能卒業。早熟之印度人。除僧侶之外。無有能卒業者。其他皆修處世必須之學

釋迦之畧傳

其意見

科授文典、數學、歷史、詩歌、哲學、天文學、醫學、法律學等之學科等。彼于我日本之教育上。其影響最大。今就于佛教之開祖釋迦略述之于左。

（甲）釋迦之略傳並其意見及佛教之影響

（釋迦之畧傳）釋迦為哲學家宗教家。為古今稀有之偉人。佛教在東洋史上。于德育及教化。遺偉大之効果于後世。今更無須煩述。我邦欽明天皇以後一千四百有餘年間。為民心之所歸向。其于教育上之影響頗著。佛姓瞿曇、名釋迦。距今二千九百餘年前。生于印度之迦維羅衞國。天資穎悟。至弱冠。有所感。學婆羅門之教。去慾斷食。苦行數年。憔悴枯槁。而精神愈堅。艱難苦行。信念益篤。後觀破婆羅門之弊風。捨之。坐于菩提樹下。沈思默考。遂悟于眞。其後四十有九年間。以大小二乘之教度人。年八十而歿。

（其意見）靈魂不滅者也。萬物皆本于眞如。故人以覺悟而轉迷者。可得佛果。又曰人皆平等。不可以族種分貴賤。其所謂大小二乘。有深淺難易之分。而釋迦之教人也。眡乎其人。所說各異。佛徒呼之為對病下藥云。而實行有殺、盜、婬、妄言、飲酒、之五戒。使清其心。所以去人之罪惡苦痛。享眞快樂。無他。持清淨之心。悟其眞理。各人可享此快樂。守其本分耳。

佛敎之影響

（佛敎之影響）　佛敎爲矯古來印度盛行階級之制。束縛國民思想之弊。立平等之說。謀思想之獨立。其敎盛于一時。直普及印度全國。又傳播于東方。自支那、滿洲、朝鮮、遂波及于我日本。其及於我邦之影響。實爲非常。上自皇室。下至于庶民。殆無不歸依之者。遂舉全國家爲佛敎國民。小之自冠婚葬祭之細事。大之及于社會百端之事物。無不標準佛敎。敎育之權。亦自儒者。轉而歸于僧侶之手。所謂寺屋之敎育者。即是也。然在于其本國者。經五百餘年。以婆羅門敎之復興。幾至于全滅其跡。可謂佛敎之在印度本國。其影響反少。

現今之狀況

（現今之狀況）　此國屬于英領。英國政府。改良其敎育制度。自小學至于大學。稍稍完備。其普通敎育、略與我國同。爲市町村之義務。又大改良其敎授法。兼備各種專門學校。其物質上之進步。殆不下于歐美也。

第三章　波斯之敎育

波斯國權擴張與教育進步

教育之狀況

國權擴張與教育之進步

波斯在歷史上占樞要之地位。以賽朗斯王時代爲隆盛之極。初脫國王靦取斯之管轄。而國權大爲擴張。即教育之進步。亦爲亞細亞諸國之冠。盖此國教育宗旨所謂國家主義之軍事教育。婦人之教育殆絕無之。欲男子爲國家之干城。乃由政府擔其教育之任。

（教育之狀況）　波斯立國上之主義。爲侵略主義。以兒童爲國家之要素。故大注意其教育。兒童受家庭教育至七歲。入公立學校。以能受此教育爲盡國民之義務。至十五歲。乃以體育及德育謀其身體及精神之發達。而鞏固之。養成其自治心與進取心。使兼備信實恭謙公正諸德。至十五歲。始入青年之列。專注于體育一節。尤有一層困難之格式。課以武術。使衞國家。而養其膽力與體力。并養成其判斷力。教師則以五十以上之退職武官充之。盖波斯以武斷之國家主義爲教育之大本。而養成其足以維持國家之元氣與體力。至于智力教育則度外置之。除學日用文學外。如哲學天文學醫學法律學等。不過僧侶之族爲之。其他殆

提咯阿斯丹

埃及工藝之發達

無從事于此者。

（提咯阿斯丹）氏者、波斯人也。爲實業教育之熱心家。生于紀元前第六世紀。又爲波斯之大哲學家。此人有見于種種得失、利害、通塞、生死之別。而皆有善惡二種靈氣磅礴于世界。互相爭鬬。其結果終以善勝于惡。爲人間之本分。得此勝利而盡其力。乃耕土地。牧畜類。教育兒童。强壯其身體。爲道德之實踐。以扑滅世界之邪惡。此皆對于國家之義務。普及此主義于國内。爲教育之基礎。

第四章 埃及之教育

工藝之發達 教育之狀况

埃及于世界文明史上。占最先之地位。即如彼所有之尖塔建築。時距今已四千餘年。則當時理學、數學、工學等之發達。蓋可想見。其出于天然勢力。而爲人心發達之第一要素者。則雷羅河年年之汎濫。足以激動其人心也。以是之故。而理數工等之諸學術。亦甚發達。遂爲此國文明之先導。古代稱此國爲知識之學校。如那依加兒卡斯庇沙果浪斯傅明德棱倫賽列加等諸賢哲。皆學于此國者。亦可見其哲學法學倫理學等之發達也。而尤以美術工藝爲甚。至于紡績織布之術以及硝子之製造、與鋼鐵之製造、農用具及其他日用什器等。殆無不完備者。

（教育之狀況）國民有三階級。第一僧侶。第二武士。第三庶人是也。此等社會上之階級。即在于教育上者。亦同其制裁。其物理學、博物學、醫學、數學、星學、史學、政治學、法律學等之高等教育。全爲僧侶之所專有。此僧侶握立法行政司法及教育之權。以制馭武士與庶人之二族。故必受高等教育。其庶人先學讀書習字以及算學之大意。以學得其職業上之智識爲度。其教授法亦頗得宜。惟算術則就于實物以施教授。正合近代教育之本旨。埃及之書法分雅俗二種。雅者爲僧侶之所用。武人于此等教科之外。學語學星學博物學宗教等之初步。其國以體操爲危險。以音樂爲柔靡人心。殆皆不課之。蓋其教育之法。含宗教之元素。所謂未來主義之宗教教育是也。由是尊敬其僧侶。且以祖先遺風故俗珍重視之。至紀元前七百年之時。此國之教育界。始有變化。于蒲沙縉取加斯時代。傳希臘及蒲尼西亞教育之元素至于教子弟以希臘之理學。其後此國之學問。漸漸發達。至于後世。又大衰微。復其往古之觀。

第五章 猶太之教育

往古猶太之人民。兼有偉大高尚之思想與寔用有益之才智。故于理數學天文學、德律學等風氣早開。其教育之盛否。一因于政治及社會之狀勢而爲盛衰。其最隆盛之時。則大威德及梭羅們王之時代是也。

（教育之狀況）此國之教育爲神學教育。謂人民爲神之忠實誠順之臣僕。以此爲其教育之大本。故以兒童之教育爲其父母所對于神之義務。有立法神爲人間教育之主。而自規定法。立法神之誡曰。當常服膺予言。毋忘。雖起臥行止之間。亦當教于汝之子孫。且書于汝之門戶。

此國無學校。無教師。而以家庭爲學校。以父母爲教師。其教科亦甚多。因其不得以無識無學而罹于犯罪。上正當之口實。故戰戰競競。勉勵于學。其人民相與之交際法。及外國人待遇法。奴隸之待遇法。宗教上之儀式。及社會一切之事。皆須學習。雖其高等教育之不同于純正之宗教教育。而僧侶所定學者之階級。殊用力于法律之研究。加之以宗教及法律教于人民。而爲其職。于是高等教育遂爲僧侶所專有。

此國有所謂國祭者。其有裨益于教育者不尠。每年之國祭。凡有三四次。以全國之青年。集于借兒沙列穩。而報告樞要之國事及過去之國史。乃告以脫埃及之羈絆而謀故國之獨立。皆爲神明所賜之恩惠。而注入其國家獨立之精神與敬信神明之心。

第二編　西洋教育史

西洋太古教育史

第一章　希臘及羅馬之概論

希臘及羅馬。爲歐洲開化之鼻祖。以哲學、政治、建築、彫刻、詩歌、音樂、論辨、學等。爲後世模範。其忠勇、義烈、冒險、堅忍等之諸德。亦足爲百世儀表。特富于獨立不羈之精神。不肯伏屈于不法之權力。其自由權利之精神。最爲發達。頗知個人之價値。遂至於創立共和政體。以是之故。此兩國教育之歷史。亦占高等之地位。其可研究之學術亦甚多。然此兩國雖爲歐洲文化之祖。惜合一國人之聰明智力全注入于政權之一端。而農工商等之實業。不遑暇及。由是而實業教育因而萎墮不振。致使吾人於千載之下。不免有白璧微瑕之恨也。

第二章　希臘之教育

、希臘教育之概論

外國之事情　太古之教育　斯巴達與雅典

希臘爲突出地中海之一半島。其海岸線出入之處甚多。故有好港灣。於通商上之便益不小。其氣候無奇寒苦熱。又富于山川之美景。有此等自然之影響。遂能促進其人心力之發達。而啓其智鑰。且不獨此也。其始分爲二十餘國。以政治法律風俗習慣等。各有不同。乃能啟其智能之競爭。其文化之進步。至于罕見其比。當昔時德類之戰爭時代。時希臘之教育。全限于家庭教育之一法。父教其子。授以武術。并養成其敬神、忠君、愛國、孝行、友愛等之諸德。母教其女。而授以家政上

斯巴達與雅典

一切之事。與禮儀作法等。而其男子教育之精神。觀雪列兒之語。己可想見其梗概。其言曰習鎗與敬神。蓋男子教育之本旨也。

紀元前千百餘年。當尚武時代將終之時。而人智漸有進步。乃知家庭教育之不足。于是學校教育有將及于盛之兆。當時國內洶洶擾擾。大起變動。斯巴達與雅典兩國。崛起於東西。各壓倒其近旁之諸國之上。而兩相對峙。至兩國權力之衝突將起時。適有品兒俠之戰爭。乃合西臘全國以當之。以此外侮幸而免于鬩牆之爭亂。至于以烈呵尼大斯防戰于塞外比列。及彌兒茶垤斯得勝利于馬濫總之時。此兩國之教育。既大異其趣。雅典出技術家詩家歷史家哲學家等。于体育雖不放棄之。而知能之修養。殆走于極端。文辭之嗜好既深。其弊遂至於滑稽口辨。而詐僞亦出。若斯巴達則大不然。出剛毅勇武之男子。以心意爲身體之奴隸。故身體之强健。武術之練達。爲其所最希望者也。是知以尚武教育之本旨。而養成全健之軍人。爲斯巴達之一大主義。以是之故。雖得教育之成效。使國民富于節制與武勇。然極其弊。究不免陷于無智之殘忍。此正如們特因之所言。雅典之教育。偏于智力之一部。斯巴達之教育。偏于体力之一部。蓋此等特別之教育。其以人意作成之者固自不尠。然有因于人智發達之要素。出于其自然而發生者。抑或因其社會之趨勢而發生者。

（二）斯巴達之教育

教育之方針　那加兒卡斯　教育之狀況體育智育德育　女子教育　比沙咯南斯之略傳　其主義　其教育法

斯巴達教育之方針

斯巴達人爲希臘民種中之最剛強武勇者。富于侵畧之精神。彼于德利安種族九千餘戶之住所中。不過爲湏可尼阿之一小部也。而其中有稱爲（平民）及（奴隸）者之二種隸民。受斯巴達之束縛。常抱不平。稍有反抗之風。以是之故。而立于人民之上者。欲維持其權力。乃注意于武力之養成。從不稍怠。而少年教育。遂爲國家之本務。而其教育之方針。則以內而維特斯巴達之權力。外執強梗之對外政策。毅然不動。成爲勇武絕倫之一國也。

（甲）那加兒卡斯

那加兒卡斯

斯巴達以重腕力主義之故。其教育制度。全以體育爲基礎。自紀元前八百五六十年之時。乃有所謂那加兒卡斯者出。興此新制度。正如堯舜之基于支那人民之性情而採用禮樂之制度者。務期適合于德利安族之性質。與斯巴達之國情。制定憲法而定爲教育之基本。雖其組織之大體。不免稍有殘酷之嫌。而其目的專以養成健全之兵卒而訓練之。諺有之曰。舉斯巴達一國。皆爲練武之塲。其男子必于公共之會塲就食。且平均其財產。又謂商業爲華靡之漸而杜絕之。于是驕奢與鄙吝諸俗習。至于一掃而空。一切皆歸于簡樸。伯達克有言曰。有法律學大家那加兒卡斯者。設立一種之盟約。而對於當時所最通行之驕奢習氣與射利心。極力加其攻擊。其盟約之意。若曰。凡國民皆食同式之麵包。食同式之肉。其種類皆宜指定之。凡人家皆不可有華麗之几榻。不可以飽食煖衣而柔靡其精神。由是觀之。則當時教育之如何。蓋可懸揣而知之也。以下所述教育之狀況。悉爲此人所訂定者。

教育之狀況

（教育之狀況體育）　如右所述。斯巴達之教育。于內治外交上。維持國家之面目而養成其適當之有爲人物。故以男子爲國家之財產。初生之男子。受裁判官之檢查。其身體柔弱不合格者即殺之。男子之幼時。一任其家庭教育之。至七歲時。皆入公立之練武塲而受極嚴格之訓練。其在練武塲不染奢侈風習。故能安于粗衣糲食。其臥榻則不過積其生于河畔之柳以爲之。兒童至于二歲。即不許着兩重衣服。乃以此等之兒童編制爲團隊。寄宿于同一之舍內。其于平時給與食物之外。食盡後尚未飽足者。復勵其行竊之術。竊之拙者則撻之。以使其心之慓悍。又恐其身體之不强也。于高飛疾走角力習鎗等事。時使爲之。

智育

（智育）　于文學上之修養。不過教以讀書習字之初步而已。故智育上之教育。全在于實驗。常奬勵其與老成人交際。以受實地之薰陶感化。而養成其智力。使大之可以盡國家之義務。小之經理其一家之實力。故以公同會食塲爲一種之教塲。使少年聽其老成人之談話。以修得一切之智識。使巧其說辭。妙其語調。先輩之士。亦往往樂教之。屢設爲疑問以求其答。而養其判斷力與辨識力。

德育

（德育）　不獨養其剛毅慓悍之氣力。而又專注於德育。亦盡善盡美。其結果亦

女子教育

大有可觀者。制情欲以主謹直。孝于親。敬于長。信于朋友。一旦有緩急時。當勇猛直前。不避水火。養成此等之義心。俾一一實行之。曾有一老人入于雅典之劇場。以到遲。無坐位。乃坐于雅典人一少年之座。少年大侮辱之。老人乃退而坐斯巴達公使之座旁。公使乃退而讓其坐位于彼。雅典人見之。羣驚其美德。于是老人揚言曰。雅典人知正道。斯巴達人能實行之。蓋即此而斯巴達人之德育已可想見其梗槩矣。又其音樂一事。亦占德育上之一要部。足以養成其談論及舉止之溫雅。其歌謠不流于虛飾。不失于浮華。主德性之涵養。或贊其殉國之烈士。或擯斥其武夫之怯弱。

（女子教育）欲得强壯之男子。當先强壯其母。此女子教育所以盛也。女子亦與男子仝獎勵其體操。而涵養其恭順之德性。至體育得其宜。而于體力姿容無不足者。又富于愛國之精神。以怯懦爲恥。而爲婦人之美德。以其夫及子之戰死爲無上之名譽。絕無有見其悲哀者。其送之往戰場時。以壯辭鼓舞其勇氣。

蓋斯巴達教育之目的。爲觀察其心意之全體。以發達其圓滿之能力爲務。而嚴立於人世困難之横流中。得安全之自由之生活。而無所屈服于他。總以養成有此等勇武之國民。而爲其目的。即使其保全一國一家之名譽。而保其不受人命令不服從于人之元氣與德義。茲述斯巴達大教育家比沙咯南斯之教育意見于左。俾得以知此國教育之概略焉。

（乙） 比沙咯南斯之略傳及其教育上之意見

比沙咯南斯之畧傳

（比沙咯南斯之略傳） 比沙咯南斯者。以紀元前五百八十年之時生于沙木斯島。以其智力之廣大。與其道德之美備。而盡力于其教育。蓋大有此勢力之人也。先獨居修學數年。欲于廣大世界上。究其智識。遂遊歷埃及亞細亞之西部地方。大有所得。歸島之後。乃往斯巴達。研究那加兒卡斯之巴律。得教育之智識。後往希臘領意大利。克咯德辣設學校。委身以圖教育上之大進步。

其主義

（其主義） 此人以人性爲不完全。而欲爲人性之調和之。以使之完全。以此爲教育上之大主義。乃欲以存在於宇宙間所能調和萬物之自然調和力而應用之於人事。圖身體與精神之調和。親子之調和。社會之調和。及神與人之調和。意謂吾人之天性有傾于惡之一力量。遂生其不和。而以教育之力量除去如此之天然惡性。使感情與能力發達之務。抵于純潔。

其德育則以宗教爲大本。以事天神爲國民之本務。因此遂重宗教上之儀式。常訓勵其節制勇氣從順信實等之諸德。且寔行之。此人以音樂能調和精神。爲不可缺。謂夜間之唱歌。能洗淨晝間一切之慾情。朝則奬勵日間之職務。爲有益。而大用力於奬勵之事。

其教育法

（其教育法）氏以學校之修業年限。定爲五年。分爲本科豫科之二種。以本科生親聽教師之講義。研究深遠之智識。豫科生乃聽本科生之講義者。其年限爲三年。至三年聽講之後。經其試驗。錄入于本科。

其學科爲數學、物理學、地理學、心理學、醫學等。而尤以算學爲主要。彼所發明之直三角形二邊之平方。爲均于弦之平方。實此人之遺惠也。其管理教練之法。甚爲嚴正。常用躰罰。以養成嚴正之紀律。以生徒居於同一之寄宿舍。使練其飲食睡眠談論三者。而皆至于有節。又爲切磋琢磨。以研究智識。

（二）雅典之教育

梭羅們　教育之狀況智育　德育　體育　梭克南踢斯之略傳　其主義　其教授法傳頭德之略傳　其主義　其教授法　亞力斯　度德爾之略傳　其主義　其教授法

雅典者。乃阿蹄加中之一都邑。而以活潑有爲之才識。發輝文明之光華者也。其教育與斯巴達大相反。正如前概論中之所述。全主智育之教育。以養成其雅馴之風習。國民競尚文飾。即如其城壁。亦極建築之壯觀。其最盛時代。爲紀元前六世紀梭羅們之時。此人爲世稱七賢之一。恰如斯巴達之那如兒卡斯然。而爲雅典之立法者。廢德涙咯之苛法。而制定善良之法規制度。先是雅典人有以父母而賣其子女或以子女爲質物者。爲法律所不禁。此人所改正之律。乃禁如此野蠻無道之風習。大獎勵其教育。教以實業之可貴。以圖各人生業之進步。若有親授教育于其子者。則年老時有所依賴而受其保護之權利。由是雅典之國民。乃知教育事務之切要。而開其發達之基。以爲國家隆盛之源。以下所述教育之狀態。全基于梭羅們之所訂定者。

（教育之狀况） 智育教育雖爲全國人民之義務。而女子教育。則聽其各人之任意。爲之政府不爲干涉。但監督其學校之大体。或備其少年之体操場而已。其教育悉委之于父母之智識。然民情頗富于好學之風。凡爲公民無不受其教育者。雖絕不履行其規則。所立學校之課程。殆不至于全無智識。其少年之教育。太躰爲十八年。更分之爲三期。每期爲六年。第一期家庭教育。以母或乳母當之。此時尚未至于文學也。至七歲時。始離家而就傅。其師傅爲通常高年之奴隸。或爲其兒童之從者。或爲保護者。或爲品行監督者。使常任教育監護之責。然兒童達于此齡。撰私教師受其教育。富者有便宜之教室。貧者則學于路旁。其教科以讀書習字爲初步。進而至于算術、文典、文學等。如貨馬兒之爲其可先學習之學科也。其他則與詩文共詳細研究之。至於十二歲乃至十三歲之時。貧人殆皆廢學問之途。而及於商工業。富者則進而修文典、詩歌、音樂、修辭、數學、哲學等高尚之學問。蓋以是等高尚之學科多授之逆穩南齊油蒙者。原爲教授體操之處。乃一變而爲智育之中心。又以音樂高尙其精神與性質。與詩歌等皆非常尊重之。博呵克曰。以音樂爲營業。其個人之職。雖鮮有受人之尊敬者。而常于敎育一部受其心之所尊敬。觀于貨馬兒之時代。呵氣利斯以音樂之名人而兼哲學者。爲政治。及其人之首領。葉拔彌冷打斯以有名之伶人而兼舞蹈家。足見其於敎育上大有音樂之勢力。

（德育）　德育自理論上言之。未免爲不完全。而其基礎全在于宗敎。雅典之宗敎。但紀人以爲神。雖其心身非不共美。然尙不免于情慾。然其實際上道德之點。其可讚美者。未嘗不多也。彼于雅馴中而又富于愛國心。于溫良恭讓中而有文字之素養。其可稱之美德不尠。雅典人之法。凡男子至十八歲皆服兵役。爲國家之干城。越二年。成爲有公民權者。觀于當時之誓辭。即可概見其國家思想之一斑。其言曰。余決不可汙吾人神聖之威嚴。又無論何人。決不可捨吾之同僚。余盡力于寺院與法律。而不顧其身命。或不幸而不可不去我故國。余寧不于衰頹之日而趁此强盛之日。服從國家之法律及憲法。以奉國敎。不敢或負有渝此誓神

體育

明殛之。

（體育）體育亦從不忽略。殆與智育並行。而于公私立之體操塲。爲活潑之運動。此國之體育與斯巴達相異。唯其身體發達于優美完全而已。盖雅典之教育雖多優于斯巴達之教育。然亦不無缺點。乃以婦人爲卑屈而居于奴隸之階級是也。畢竟此國之教育不能作一完全無缺之文明國。但可養成優美高尙之人物而已。

棱克南踢斯之略傳

（甲）棱克南踢斯之略傳及其教育意見

（棱克南踢斯之略傳）此人爲世界大哲家學中之一人。生于紀元前四百六十九年。父爲彫刻師。母爲產婆。氏自幼隨侍其父習彫刻。而毫無以此爲生涯之意。稍長。大傾心於學問。研究前代哲學家之學說。又歷訪當時諸哲學大家而就正有道。以爲自己學理研究之一助。至四十歲之時。數次從事于軍役。大表其勇敢。常好教導人。所謂有先天之教育根性者。乃至于以教育爲其天職。氏之母以產婆爲業。因胎兒之不能自出。須得產婆之補助。意謂人雖有先天之靈妙智識。

其主義

而此等之智識。非自然發出者。可發出智識者。其唯教育乎。余實爲有知識之產婆。當不理家事。不厭貧況。以盡力從事于此業。蓋當時社會之風潮。以燕安之希望爲人間最善之目的。仁義道德。爲不足賴。蘇博壹士德派之利慾主義盛行。民心之腐敗。至不堪問。擧世滔滔攘于腐敗潮流中。氏不勝其悲憤。概然立救濟之志。獨立獨行。逆于時勢。而謀知識之進步。與道德之改良。至于擧世不能容。遂受反對者之攻擊。以陷于罪。至以七十之高年之老人。而仰藥以死。嗚呼慘哉。梭克南踢斯。富于愛國之精神。其敬神之心甚眞摯。又秉有自制克已溫良恭儉剛毅嚴肅等之諸德行。

（其主義）　此人雖以整然之意見。而論定教育上之主義如何。而足見智德仝一論。爲其主義之所存。此人信智與德之仝一。以爲無論何人。未有知其善而不爲者。抑無論何人。未有知其不善而不避者。則人之爲善與避不善。一視乎其能知善與知不善可也。必至于德與智皆大增進。始可達于完全無缺之域。倘智識不發達而暗于事理。則道德亦隨之而不能盡善盡美。蓋人非故意以爲惡也。人

其教授法

爲之合于道德者。則以其先有明確之智識。其不有道德者。則其智識之未能發達也。故智識之發達。爲人生第一切要之事。而使此智識發達之生長之者。則全賴于教育之力量。倘不因教育以研究于智識。即不得知爲人之本分。不知之。即不能盡之。雖人之生來之天性。各有不同。而無不自受教育以發達其智德。故智識爲道德之根本。不道德則爲無智識之結果。由是觀之。則教育者爲能引出受教育者之天禀智識。使之發達。使之進步。不可不知其先天之精神界果有其誠心。蓋誠心之意志之見于表面者。即善良之行爲也。善良之行爲者。即道德之行爲也。抑誠心畢竟爲道德之意志。即德是也。故教育者爲明其受教者之智識。使之知其誠心道德之行爲。在於達德。而人間最高之目的。在于得幸福。幸福云者。即達於德之謂也。

（其教授法）　氏爲開發一派之教育家。其教導人。不必在一定之地方。又不公然開其講筵。隨意求其授業之費用。其教人或在公園。或在原野。或在河邊。或在寺院。或在製作場。不擇人與地方。見人必發問而教訓之。當初不直傳其道。自日常之雜事說起。而自然及于人間義務上之事。乃歸着于道德以爲常。又此人長於論理。其教授法。全用集大成之法。恰如孔子然。所謂因材而教育之。因人而教育之。以分別各人之性質。先以其事件固着受教育者之心意。然後徐徐教訓之。此人之教授法有兩種。一因其人本來之智識之不正確者。故可使之進步以得其正確之智識。一因其人之心中有不可動之誠心者。由教育者以此誠心爲基礎。而引起種種之攷案。以謀其心力之暢達。其教導之也。先設一疑問。至熟攷之後。指摘其所答中之瑕疵。或矯正其誤謬。自簡單之道理而進於深奧之道理。欲于自然修得其正確之智識。又發疑問。以自己之心力順次而推究事物之眞理。遂教導之使登於頴悟之彼岸。而謀智識之發達。完全誠心之成長。誠實氏之言曰。人皆目余爲學者。或目爲教育家。其實無學問之力。乏于智識。其無教育家之學識與智力。自不待言。余只有賦有先天的天稟之智識誠心。以開發人以暢達人。要之爲彼等之能自用其心力。自爲其發達。觀乎此可知彼實可發派教育家之鼻祖也。

（乙）傅郎德之略傳及其敎育意見

（傅郎德之畧傳）傅郎德者。繼承梭克南踢斯之哲學。以知己之達識爲中心。而參攷前代學說之長。所組織完全之哲學。以成育希臘哲學。爲一代有名之哲學家。其于敎育蓋主張國家重大之政務之一人也。以紀元前四百二十九年。生于雅典。其先蓋出于梭倫云。氏爲梭克南踢斯之高弟子。修哲學至十餘年。大有所得。後遊于埃及。研究理學。南至于意大利。入克咯德辣學校。益極盡學術之蘊奧。其門人甚多。彼有名之論理家亞里斯度德爾及彼有名之的莫斯藉連斯及節洛克那斯。皆出于傅郎德氏之門。此人無一人之親友。常沈默若有所思。而以其畢生之精力。爲哲學界之犧牲。其他殆非所顧及也。以八十三歲之時。列于賀宴。于無意中得急病而卒。

（其主義）此人所主張者。意謂敎育完全之法。必使人身体健强。精神美妙。而令其身心之完全。至于無一闕點。且所謂敎育者。微特發育其身体與精神而已。即有關繫于精神之諸勢力。皆爲養成發育之。從氏之說。謂精神所組織之者。爲

其教育法

慾魂。在于腹中。爲慾情之發源。可得而制御之。勇魂在于胸中。爲勇敢奮怒之源泉。當分其善惡。德魂在于頭腦之中。所謂屬于不滅之者。即溫良從順友愛及識量等之源因是也。其教育之任務。先在于制慾。然後以他之二魂而調和平均之。調和其三者而使之完全。若過于奬勵其德之原素。其在溫順之性者。則成爲怠弱。敏活者變爲苛激。愛情者流于淫慾。若奬勵其体育而偏于一端之時。亦足以消耗其才智與能力。勇氣者流于粗暴。高尙者變爲怠慢。故教育者當適宜于此二原素。以調和而適其宜。在于得相互平均之。而氏之教育之終極目的。則與梭克臘的同。皆達之于道德。

（其教育法）氏以教育爲國家之重要事業。以國民分爲官吏、軍人、平民、之三階級。只有官吏與軍人受其教育。其教科目爲算術、幾何、天文、修辭、音樂、美術、及爲諸學眼目者之哲學等。其中更以算術爲最重要。即于其共和政治論中。亦謂算術爲法律上必修之科目。且可參與將來國家之大事者。必委一身以學之。不在于商賈之目的也。而利于戰。且轉其精神之浮囂。而一歸之于正直。又謂体操

亞力斯度德爾之略傳

者。不獨于身体之發育有其効驗。且可健全其精神。大獎勵之。限其無害于德育者。以舞蹈等事而加入之于課目。又獎勵音樂。用神聖之聖歌及諸勇士之頌歌。以養成雄偉之氣象。敬神之思想。及國家之觀念。氏又以美術爲德育上所必須者。謂人可自美而進于善。而其教授法者。則授困難之課業于生徒。又一面與以快樂之課業。無論如何困難之事業。必于教育法中而執其有興之快樂方法。使生徒之心。于不識不知而爲其所誘導。以其修學與履行之課業。視爲無上之樂事。一言以蔽之曰。以學校爲快樂之源泉。又一面非難其爲父兄者。而與其子弟以痛苦困難之事。及有與子弟以自由之僻見者。是縱其兒童爲高慢自由之性。而戕其子弟。謂吾人不獨宜與兒童以快樂。並不可不以困難與痛苦之事加之。要之氏者一面與以快樂之興味。使勉修其智識。一面又以困難與痛苦以鍛鍊其精神與身躰。可得達其教育之眞目的。

（丙）亞力斯度德爾之畧傳及其教育意見

（亞力斯度德爾之畧傳）亞里斯度德爾者。稱爲智力社會之亞力山大。論理學界之泰斗。為發明之叚論論法之有名哲理家。以紀元前三百八十四年生於瑪雪德尼亞。自幼赴于雅典。學于傳朗德之門。二十年學術俊秀。雖傳朗德亦驚其進步之迅速與其識見之俊偉。氏不墨守傳朗德之論理法。能精密從事于實地之研究。遂進窺論理學之堂奧。年四十七為亞力山大之師傅。設教四年。世人皆相謂曰。若不在傳朗德之門。卽不能出曠世英雄之亞力山大。後歸雅典。設那依希阿孟學校。于綠樹蔭濃之中。開其講筵。垂教三十年。身雖羸弱之軀。而著作甚多。有論理學動物學政治學倫理學心理學修辭學等之著作。行于世。

其主義

（其主義）　傳朗德以高尚之想像。為主此人則有不同。專注意于日用實際之事。欲養成實用幸福之人民。謂幸福為人世最終之目的。而德行即為其本源。若德行之本源。在于性命。則教育之大主眼。當涵養此理性。而立教育之順序。以人間之發育。分為三大階級。第一體育。第二智育。第三德育。以此法則之次序施其教育。此人與傳朗德等不教育奴隸。又謂教育一事。不獨為國家應盡之義務。即國民亦不可不任其責。然此人以工業及農業為甚卑下。謂不可學之。以實業家

其教育法

下同於奴隸之階級。

（其教育法）氏之教育法。蓋自其三大次序。以五年施之于體育後。始以七年施其智育德育。其体育不同于斯巴達之發達其腕力。而養其健康之身體。德育則主實踐。初養成其方正之習慣。而後教以理論。智育則練其智力。使之處理一切之事務。又以圖書可養成美思想。音樂可助教化。益風教。共重之。然以高等之數學。不關于人間之德性。遂輕視之。若修辭學哲學政治學則爲必要之學科。而其教授法亦同于傳朗德。自近及遠。自已知及未知。自有形及無形。而從其心性發達之次序。

第三章　羅馬之教育

羅馬教育之概論

外國之事情　太古之教育　教育方針之一變　教育法　教師溥兒達克之略傳　其主義　其女子　教育意見　其德育意見　雪連加之意見　其主義　其教育法　克印砌利安之略傳　其主義　其教

育法　其管理法　希雪洛之略傳　其主義　其教授法

羅馬

羅馬者。次於希臘。其種種之智識。已早發達。經無數之變遷。遂得至于雄視宇內。爲希臘及其他東方諸國教育之總匯。而以此分惠于歐洲諸國。實可謂以學問傳於今日之遺傳者。今欲述羅馬之教育。不可不先述其國人之性質。蓋其性質。與希臘人大相反對。希臘人于活潑之中。而富於感情。尚雅美。羅馬人則於强傲中而崇實際。尚實用。且羅馬爲與諸外國同受外部自然力之影響而赴于文明者。無疑也。

外國之事情

其初爲泰路兒河畔之一小殖民地時。四圍敵國。皆極其强盛。欲維持國家之命脈。勢不得不長于意大利之一方。有此自然之社會之勢力。奮激其人心。養其侵略之精神。又興起其愛國心與實業心。因而致其國家之富强。故內以鞏固其國家而致之富强。外取侵略之對外政策。遂無暇傾心于文學美術。其國民常以法律殖產工業及戰爭等事而奪其心。其教育一傾于實利主義。希雪洛曰。羅馬之所以教育其兒童者。在于他日利其國家。可謂至言。

太古之教育

古時止於家庭教育中。重宗教之武斷教育。其德育則務于嚴肅。一依于家庭之

教育方針之一變

規律。爲自然感化者。其教師多以兒女之母親爲之。以母親之至誠。能涵養其言語思想及德性。而無不足。蓋是時之婦人。皆富于智識者。能整理家政。而司其兒童之訓育。雖女子亦非常有愛國心。且富于侵略之精神。

至于後代。而教育英之事業漸進。至于設立其學校。兒童至于七歲。尚依于母之膝下。受家庭教育。自是之後。始教讀書習字及粗淺算術。至于十二歲。乃學高等之學科。其學科自希臘語文典等。用貨馬兒蝸取兒依梭蒲希雪洛等之著作。又奬勵其辨說。至于十五六歲。各定其將來之職業。使修必要之專門學。凡農學、武術、政治、法律、辯說等。皆聽其自行撰擇。雖其中于農學。大奬勵之。而專重於政治法律。特盛其辨說。至農學及居室兩事。以是之故。而羅馬之教育。一偏于文學。失尚武之教育力。因羅馬始以希臘征服諸外國。而國勢大振。外侮已至于無虞。而國家之元氣反致消沮。教育之方針爲之一變。以斯巴達之武斷教育。爲雅典之文學教育所化。使剛毅勇武之雄風。一變而爲溫文爾雅之弱習。其後文學益見進步。蓋羅馬之文學。多源於雅典云。

其敎授法頗精密。先敎文學之讀法。及其字形。至于敎拼音及讀書之際。極力正其發音。漸次乃讀淺易之詩歌。且爲說明之。其習字乃于彫蠟扳之手本之上。以針筆模寫之。如此讀書習字後。然後敎以粗淺算術。以此課關于實業者甚大。故特重視之。又以小石子而助其運算。

其管理法與諸學校之規則。共爲嚴密。以從順與恭謙爲高尚之美德。至涵養此德性。不稍衰。禁粗暴之風。保身體衣服之清潔。其責罰通常用夏楚。間有加以木棒者。

雖有學校之設立。而甚不完全。學校之敎育。殆不甚振作。其敎員之地位亦甚低。而不齒于優等。故有志之士皆不爲之。每有無賴之徒。于他事皆至失望。至屢次失敗之後。不得已乃至于爲敎員。其學識品行。絕無爲敎育家之資格。以此益招世人之輕蔑。加之校舍之構造。不合于衛生法。以有害於身體不少。多不欲送兒童入學校者。常聘敎師于家庭。以充敎育之任。

（甲）溥兒達兒之略傳及其敎育意見

溥兒達兒之略傳

其主義

（溥兒達兒之略傳）溥兒達兒者。爲主張家庭教育之人。以紀元前五十年生于博耶洽。後長居于羅馬。躲米尼安帝之時。設一學校。開哲學文學及歷史之講求。長盡力于教育上。關于其教育著書亦甚多。蓋以教育而終其身者。

（其主義）教育之目的。在養成完全無缺之人材。而欲達此目的。則有三要件。曰天性。曰習慣。曰教授是也。所謂教授者。則指兒童之所未知或未能明解之者。習慣者。則指以此之智識而常至于誤用者。學問之始。在于天性。學問之進步。在于教授。而其實用則依于習慣。故欲其學問之大成。則不可不取材料于此三者。倘于此三者有所缺。則不免不完全。觀于彼之耕作之業。先驗其土地之肥沃。次知其農具之用法。次撰其種子之精良。然則性如土地也。教育如農夫也。學問如種子也。

無論其天性如何之不良。教育者得而引導之。無論其天性之如何之善良。而不良之教育。必可損傷之。此其于所述所著之中者。故此人謂兒童之教育。以家庭教育爲最重。除高等教育外。皆在家庭受完足之教育。出于外能聽辨學家道德

其女子教育

氏之德育

學家哲學家之演說。又讀詩歌涵養其德性。

（其女子教育）氏以教育爲家庭之本分。欲高其女子之學識與德義上之品位。于其所著書中大擴張其女權。女子之在家。與以立足之地位者。爲整理家政及兒童教育之義務。與男子爲同等。唯可哺乳其兒則與男子異。因不可不教育其兒童。故不可不受教育。凡數學及哲理學等皆兼修之。然氏重于自學問上養女子高尚之品性。曰以女子心中柔和。可增進其談論之溫順感情之銳敏。

（氏之德育）氏之所長者。爲倫理學。氏之倫理學。原得自希臘哲學。雖其自理論上所說高尚微妙之格言。亦無與行爲爲一致。氏自少年時。即能自修其身。自反其品行。而養成其所鑒于理性之習慣。又以其良心爲權衡而決其疑。且以良心守其靈魂。而氏之尤盡力者。在反省其已之靈魂。以自外部所受社會之修身教育。內與其靈魂化合之。深浸入于骨髓。其主眼在于感化固有之良心。以鼓舞其智。而爲高尚之活動。故以心意教育。徒爲不消化之材科。而指摘其恃生徒記性以爲智育者之誤謬。然氏又不全棄記性。謂記性者。可爲智識之本原。爲養成

之不息。

（乙）雪連加之略傳及其教育意見。

雪連加之略傳

（雪連加之略傳）雪連加者以紀元前二年生于西班牙之咯兒特壩。幼時隨侍父遊于羅馬。學數學文典及歷史。嗣遊希臘及埃及。再歸于羅馬爲辨護士。其後以故而流咯爾希加者八年。于此間研究哲學。盡窺其堂奧。後遂歸國爲連羅王之師傅。因彼教育法之不得其宜。遂不能矯正帝惡。當時之人心甚屬腐敗。道德掃地。以私慾私利爲事。不能容氏之說。遂以紀元六十五年得罪處于死刑。

其主義

（其主義）謂人當知一切事理。且實行之。故教育一事。在以知與行二者發達之于精神內。則精神與身體皆不可不注意而陶冶之。然精神之教育。不可不先于身體之發育。何則。精神者于人身之中最爲高上。倘于此有所缺點。則教育者當使之完全。更不可不發達其機能。

其教育法

（其教育法）氏之德育者。以一身示其模範。而訓誨其生徒。其教育法則先察其人之性質如何。其學科之足以輕薄其人心者遠之。躰操則適宜課之。其爲教也。避理論而就于實行實例。

（丙）克印砌利安之畧傳及其教育意見

克印砌利安之略傳

（克印砌利安之畧傳）　克印砌利安者爲有名之修辭家。以紀元四十二年生於西班牙之加那火那。稍長遊於羅馬。研究法律。一時從事於辨護士之職。大爲當世所稱賞。後辭辨護士之職。而擁臯比。爲講學家。自別斯拔希安授評議官之位。受政府之俸給。而當教授之任。此人從事于羅馬之教至二十年間如一日。謂修辭學不可無智力之修養。晚年著雄辨學。行于世。

其主義

其主義　教育者乃授其適應于天性之智識。益發達之。以不稍背戾于此而爲目的。故教育者自兒童之誕生爲始。絕不可不教育之。而其乳母則不可不選謹慎長厚。其言語極溫和而有義氣者。自幼年之時。即當慎其教育。對于其性質與年齡而開發教育之。不可不以次序而計其能力之發達。

其教育法

其教育法。　凡兒童當先學希臘語。後移至于國學語。以七歲爲始而施整然之教育。又恐兒童苦于學問之困難也。乃以游戲之方法而教授之。發種種之疑問。

而稱讚其所答。使小兒自然領得其智識。而向學不已。其讀書教授法。則先以其文字之名稱與形狀。而仝時教之。若其理解與記憶力之不易者。則用玩弄物廣譬博喻以啓發之。其習字教授法。則使用刻字之木板或蠟板。其年齡漸長者則既熟于讀書習字。乃授以文法作文音樂幾何學等最高級之學科。此等之學科皆教授于論理之者。以養成其雄辨家之資格。氏之言曰。完全之論辨家者即完全之人物也。氏評彌兒頓之教育曰。嚴正明敏。不問公事與私事。又不問戰爭與平和爲能盡其任務之人物。非此之方法不能養成之。氏以私立學校爲有弊。而重公立學校。蓋氏之管理法亦可謂得其宜者。意謂兒童不可使之受鞭撻。鞭撻乃施之于奴隸者也。若兒童之品行不正者。自可責後。倘不能改正之則猶之最下賤之奴隸。倘用鞭撻隨其後。不獨不能使之遷善。且生其反動力愈足助其惡。且爲教員者。而以規則正教授其學業。而管理其生徒。決不可施用鞭撻。何則善良之教師。斷不以恐嚇其生徒而阻喪學生之氣力。反不能制御之。若啓發之名譽心。則得其光榮者必至奮發。失敗者必至流涕。乃可養成天性之生徒。

希雪洛之略傳

其主義

（丁）希雪洛之略傳及其教育意見

（希雪洛之畧傳）希雪洛者非專門之教育家也。又兼通羅馬希臘之學問。因其于教育上亦有高尚之意見。故爲併記之。

氏以紀元百六十生。自幼即修學。年十六。學法律辨學及哲學。以講學之目的。而游歷希臘及亞細亞。在希臘之洛池。從有名之修辭家阿破洛尼阿斯學演說。大有所得。阿破洛尼阿斯氏謂之曰。希雪洛。余甚愛汝之才學。然不得不與我爲希臘悲。而以爲此國光榮者之雄辨學。與汝共移之于羅馬也。其歸也。以就于樞要之職。爲評議官。特著効績。國人尊之。稱爲國父。晚年抗論于安多尼不休。遂死于刺客之手。

（其主義）因此人無教育上之著作。而謂其非教育家。則其多數之哲學書中。有關於教育上之意見者。正自不少。其要畧意謂有可成爲人間之眞智識及理學之基礎而發達此天賦之思想。使完全之。則爲教育之任務。而教育則不可不自幼稚之時爲始。何則。當幼年時。易于感動。以遊戲及外來之刺激。促其品行智識之發達。皆足以進其德而深其智。以爲智育之要素。且希臘及羅馬文豪之書中。拔萃其金言名句而暗誦之。以宗教爲道德之基本。以研究政治學及哲學爲高尙之智育材料。以能辨學而完全人間之教育。惟此人以實業爲甚卑瑣。謂實業爲奴隸之業務而排斥之。

其教育法

（其教育法）撰合于生徒嗜好及才力者之學問。撰恩威幷行寬嚴有度之教師。凡至于管理之無効後。亦非不可施行其罰則。惟不可用其醜陋者。且不可含怒氣以施之。其以呵責矯正者。必使生徒有感于使之向善之好意。

西洋中古教育史

第一章　歐洲國民與教育之關繫

秋登人種

秋登人種　德意志人

西洋中世紀之教育。爲自基督教之起。以至于宗教改革。吾輩于此間研究教育史。極應以歐洲國民與教育之關係。爲畧論之。蓋秋登種族者。自教育上觀之。有代表當時歐洲全國民之價值。抑此人種。爲住于今之日耳曼壞地利比利時和蘭等地方之一種族。于教育上爲善良之發達。其中如德意志人依于自然之勢力以爲自由獨立生活。其骨格魁梧奇偉有百折不挫體力能于健全之身体中。而藏健全之精神不使之漏。其資性則于剛强不屈之中而又富于决斷勇爲之氣象。且不止此也。又備優美慈愛之盛德自然合于基督教之博愛主義。自羅馬之滅亡時。而吸收其文學與基督教更精選之。而傳播于歐洲各國進世界于非常之文明。凡文學工藝商業政治宗教等皆爲世界文明之嚮導者。誠哉世界教育之導師也。

第二章　基督教之主義與教育之關係

基督教者持其以人間成于平等之概念與慈愛之精神。而注入一新原質與人間之心意中。于德育上與以非常之活動而以既往世界之哲學宗教及社會之一切悪德有妨于世之開化者而排斥之。至其教義。則對于政府之暴政與社會之壓制。而以自由之志意爲其反動。意謂人惟有一部分可以服從于社會者。即體魄是也。因其有關于社會上一切之利害。故不可不忠于社會。而在于國王及政府之下亦宜出之以誠實。然除此一部外者則爲靈魂。靈魂者原自由立于社會之制裁以外。惟對于神卽不可不忠實。故基督教教育之主義。不獨以人供于國家之用。又爲有關係于人間社會者之神明。用以此爲其教旨。又一面主持一說。謂人皆有同一之運命。有同等之權利。無貴賤之階級。排斥神教人民之階級。廢奴隸制度。破世上一切之不公平事與壓抑事。又救助貧人之孤兒而施其同一之教育。盖今日西洋國民之平等自由。何一非基督教主義中所發生者乎。

第三章　基督略傳

基督之略傳　其教育法

（基督之略傳）。耶蘇者。神學論大家斯賓塞爾稱爲哲學大家康德與壓柯柄仰爲謝領克與黑額評之爲神人之一致者。耶蘇生於距今一千九百九十二年。西歷以耶蘇生年爲紀元。今爲一千九百九十二年。卽中國之壬寅年也。（又據于近世史家之說。謂耶蘇實非生于紀元元年。盖生于紀元前四年云。）恰當羅馬帝國全盛之際。耶蘇生于阿五克斯檣札兒之從臣黑洛點所管轄之一山村。其村名爲伯嚇蒙。耶蘇父名藥雪。巫母曰馬利阿。其家世出于依斯臘嚇兒中興賢王達必。的血統連綿不絕。至于其父藥雪巫之時。經人世滄桑之變。而家門零落。乃于架力蠟亞僻村之腊沙烈。爲攻木之工。然其父爲義人。母篤于敬神之念。又純潔而富於愛情。蓋氣韵高雅之婦人也。蓋就于耶蘇之成長。而能與以非常之感化者。則爲其母馬利阿。耶蘇既受家庭教育。又就於寺院之教師受其教育。當每年三次開國祭時。旅行於虬兒沙列。嘗得律史上律法上神學上之智識。開發其神心者不少。加之耶蘇有天禀之宗教思想。閱聖經、人情、萬有之三大書籍。遂益見發達。至三十。廢然棄其攻木之業。而勇進於宗教界之戰場。委其身於神國之建設。總而言之。以救世。故東馳西突。席不暇煖。乃招十二使七十子之徒。宣其天國之福音。由是聲名洋溢乎國中。一時殆得有全國心服之勢。蓋彼等以耶蘇爲救世主。有使我國爲世界一帝國之意。及觀于耶蘇所演說。乃大與彼之所豫想相反。皆望望然去之。若將浼焉。甚至有鳴鼓相攻者。加之當時既失舊時之精神。拘泥於外形之宗教儀式者。有巴利壢。有黑洛點之兩派。又有黑洛點黨等。以己之偏見與憎惡心。妄加其攻擊。乃出不法之手段。捕耶蘇。而使爲十字架上之犧牲。

其敎育法

然耶蘇。至旣死之後。面目如生。而基督敎自死地而能復活。撥雲霧而見靑天。以成其偉大之事業。與强固之感化力。不獨敎會之記錄上表著其事實已也。實爲近代文明史上之所証明。自耶蘇救出此世之惡。而世界幾千百萬之人人。依於自己之實驗。有證明其感化之意矣。

(基督之敎育法)凡爲敎師者以一人而知其生徒中人人之心。而察其各人之性質。當如世之慈母。一一熟知其愛兒之性質。耶蘇之敎其弟子。如牧者之牧羣羊。而以慈愛之心出之。乃自其弟子等之性質。而異其敎授。譬如水然。以變轉無常之性質。使變之而如巖石之確然不可動。或應於其强暴易動之性質。恰如御者之馭奔馬。能柔順之。而常說奧妙之眞理。廣譬博喩。助其理解。更與以質問之自由。而詳細聽其端緒。或故婉曲其說。以引起其質問。乃更進一層以解釋其問題。而訓示之。恰如其經典中所謂初出苗。次出穗。再於穗之中以結實者。而從於自然之次序。以開發生徒之心意。悉爲實踐躬行之敎訓。不流於空理。不陷於空想。能盡其嚴正溫雅之師道。且通其高潔偉大之品性。以薰陶其學子。譬如耶蘇教彼之十二使徒。即常以非常之忍耐而教育彼等。且勉為訓練。乃彼等又因他弟子屢接近於耶蘇而聽其言行。耶蘇亦隨時以教理之奧義而教之。常播眞理之種於彼等之心。惟彼等教育中最切要之一部。不必彼等之自為留意。耶蘇自有感化之一法。耶蘇教化中。幷無文學與神學之科目。然僅以三年之教育。而能以加里腊雅一無學之漁夫。為辟易萬人之辨說家。且涉獵經典。明於人情。而為深奧嚴密之思想家。為委絕古今之聖徒。不獨此也。著書立說。傳之後世。又為名理淸譚之著作家。致使後世慕耶蘇者。幷羨彼等之遭遇。則耶蘇之教育法。已可想見。而其品性之如何。亦可想見。不勞罕譬也。

第四章　基督教初代之教育法

論爭說服　基督教之教育法　智育與德育　問答學校

基督教初代之教育。甚不完全。毫無可觀。蓋其初欲輸入其文明於無智曚昧之野蠻人。遭多神教之攻擊。不可不且戰且教。所謂在論爭、說服之時代。而教育者無暇及於與目前無關係者。以此之故。而其教育但行於一局部。未能見其普及。

問答學校

當時之敎育法。出於基督敎信者。使其子弟修宗敎之敎義。以敎會爲敎場。其敎幼年生者以神與救世主之名。漸次自聖典中敎宗敎之敎義與信徒之義務。遂授其日用上之智識。卽彼之讚美歌。亦奏敎育上最良之効果者。

智育上敎育甚少。雖爲敎育上之一大缺點。然其道德心與宗敎心皆十分發達。當此風俗汚濁道德腐敗之世。而養成有純良道德之人物。則基督敎育之稍優前代敎育。從可知也。

彼之攻擊基督敎之哲學家某氏。謂基督敎以道德之力而動人心者。多神敎之敎師有感於其幼童敎育之善美。而嘆稱基督敎徒者。當有如何之良妻。是可以知其敎育之如何也。

當時自然勃興之敎育地方。爲問答學校。是爲信基督敎徒者。準備其洗禮之敎育所也。其敎師稱爲加典屹士。特寺院則重其宗敎敎育而已。其後至於亞歷山德力亞學校起時。而普通學科之敎育。漸次完備。加之以高等之級學。如博言學、修辭學、及哲學等。皆敎授之。爾來益極其隆盛。嗣後遂至於設高等神學校。抑敎育之有如此進步者。一由多神教之富於智識者入於基督教。一則以多神教抗論非難而說之以使其心悅誠服。教師不受俸給。以生徒之謝儀而充衣食之資。

第五章 中世紀之教育

無學無識。 其源因。 寺院學校。 監督管領學校。 僧侶管領學校。

無學無識

至於紀元三世紀之末葉而教育漸衰。一切人民無學無識。不解事理。如彼之問答學校。不過爲其洗禮之準備而已。而至於第四世紀古文學之研究絕滅。至於第五世紀既以少年之修學等閑視之。至于第六世紀起寺院學校。至於第八世紀雖起有監督管領學校及僧侶管領學校。而教育之澤不及於人民。邇來經數世紀。通常之人民。常不能脫其無教育之境遇。至于十二世紀雖盡力於文學復興。然無足觀者。唯爲僧侶一部所專有而已。而不於社會之全體。不列克親揚言曰。即如數理學一部。只以耶蘇之復生之時數之而已。而無研究之者。然則數世紀中。其教育之如何。尙在於幼稚。不從可知哉。然至於其道德之一點。實可驚嘆。兼備謙遜、貞節、端正、純良、無慾等之諸德。其聖書則常爲淸精神之藥石。

其原因

(無學無識之原因)　中世紀之人民既如此。則其無智無學。自不待言。基督教反對於多神教之現世主義。於未來主義極樂說有非常之勢力。而萬物皆無價値。所謂宗教上之教義與儀式。皆爲統轄其人間之思想與行爲之標準。其必因於教育而後能得處世之智識。又有他之大原因二、一則研究學問者。不能安心。又無閒暇。以當時野蠻人之屢侵入。或爲諾爾曼人所苦。或爲英吉利人所襲。內部則封建諸侯之戰爭不止。不得安閑。貴族則終日只爲馳馬田獵、乃至戰爭等事而已。平民初不知教育之爲何物。二則因國語欠乏。抑國語者。可通用於全國國民。與智力之發達。爲不可缺之一機械。然當時只有古語及學語等。無通用於國民一般之國語。因此而人民不能受其教育。因此等諸原因。遂至於無學無智。

寺院學校

(甲)　寺院學校

第七世紀以後。多神教失其勢力。基督教寺院以教育事業爲一副事業。而文運大進。先是第六世紀時。而丕烈克親派勃興。集有名之信徒。是等之寺院。皆潔白純良。爲世上幸福之源泉。爲學校技術之淵藪。且其餘德遺于後代。然教育尙未及於一切之人民也。此學校以學級分而爲二。教臘丁語、文典、論理學、修辭學、算術、幾何、天文學、音樂等。以七年卒業。至語學則重用基督教師之著作。論理學則依於亞里斯度德之著作。修辭學則本於克印取里安希雪洛之著作。算術幾何。則傳其大意。天文學與占星學無大差。音樂則唱基督教之讚美歌。而是等之學術。全因於宗教上之必要。以學之。譬之語學文典。易於解古詩聖典。幾何學則爲理解聖書中之船舶。及棱洛連宮殿等建築技術上所必須。音樂天文等有關係敬神禮拜上。皆所必須者也。

（乙）監督管領學校及　僧侶管領學校

於寺院學校之外。基督教之所設置。有二、種之學校。一、爲監督管領學校。至於第八世紀。監督克洛丁康格。完備其組織。以監督管領內之僧侶。結合設同志社。其事業爲管理學校之建設。其學科則以宗教上之學問占其主位。他之學科。恰與寺院學校相同。爲養僧侶之地。即於他人亦教育之。二、爲僧侶管領學校。僧侶集其管領內之少年子弟。教宗教之教義。養禮拜上之智識。以敬神率直之信徒爲其本務。與往古之問答學校。毫無所異。而其教育法。甚爲嚴格。時加体罰。無稍寬赦。今之此教育主義之可觀者。記於九世紀監督丕臘而特之言。訓令僧侶曰。凡於信徒。當詳說基督之降誕。與基督之性情。甦生上天。以及聖靈之傳播。及宥罪洗禮等。而戒其陷于罪。且可以道德教訓之。蓋當時之僧侶。於教育甚不熱心。即其「僧侶管領學校」之僧侶。亦無優於學識智能者。不啻不熟於宗教上之儀式已也。因此遂減却其高尙之學問。而一切人民之智識。頗有退步之狀。

第六章　俠烈曼帝之教育中興

學問之獎勵　亞而克溫

俠烈曼帝嗜學。憂教育之益退步。大獎勵就學者。而振起普通教育。欲進其國民之道德智識。以僧侶爲學問之代表者。而察其良否。流於陋習陷於非倫者。詰之。改正諸學校之組織。又獎勵其應於必需而設置之者。如僧侶管領學校。擴張其區域。且不止宗教上之學問已也。讀書算術唱歌。亦兼有之。不止學術之講習已也。得自由而確實解其聖典。

帝欲自爲國民之模範。自歐洲各國招有名之學者。組織學士會院。爲幽玄靈妙學問之研究所。設模範學校於宮中。時時親臨之。視察教育之進否。學生之怠漫者詰之。非常熱心於教育。一時極稱其盛。

亞而克溫

（亞而克溫）當是時有亞而克溫之教育家。氏生於英國。爲法國文部大臣。設拔臘親學校。從事於教育。氏之教授法。與梭格臘的之教授法相反對。使生徒發疑問。教師自答之。俠烈曼帝之子拍品嘗問曰。所謂談話者爲如何。亞而克溫答曰。談話爲靈魂之通辯者。更問曰。書簡爲如何。曰爲歷史之先導者。又曰身体爲如何。亞而克溫答曰。爲靈魂之家屋。又曰。日爲如何。曰。日爲促其勞働之召喚狀。此爲氏之教授法之一例。此方法開發生徒之智力。殆若無其効者。氏當時之尤盡力者。在調和古文學與基督教徒之思想。

第七章　寺院外之教育

十字軍之結果　武人教育　平民教育　女子教育

十字軍之結果

中世紀之後半紀。有名之十字軍起。其結果遂使歐洲全社會。生一大變動。促其文明之進步。實為偉大。擴人間智識之範圍。使人民盡通曉其他各國。競爭之狀態。以及其新奇之風尙學問技藝等。一面又增加武人之數。免其奴隸。而入於農民之列。獎勵商業貿易制作之事。商賈之數。大有增加。而此等武人與市町村人。富於自主獨立之精神。至於握社會上之權力。而脫僧侶之保護。其後於教育上生非常之變動。遂在寺院外起種種之學校。

（甲）武人教育

武人教育與寺院教育全相反。重寺院學校所擯斥之學科。特使之重體育。重名譽。敬婦人。自尊重其國語。而以通常教育之時期為三期。最初七年間受家庭之教育。其後送於他人之家。使習音樂、奕棋、容儀等。至十四歲為武人之從僕。學躰操及武術。其後七年間受武士道教育。及於二十一歲。始許入於武人之列。而其智育上之要素。在音樂與詩歌。一時以此教育極為昌盛。若以存於今日所遺之戀歌。為其遺物。則其文學之智識。亦不缺乏。是可知也。

（乙）平民教育

平民教育

農商工業之進步。與市町村逐日赴於隆盛。自然得社會上勢力。因此而於日用之急務。知教育之必要。如讀書習字等不可一日放棄之。其後都市學校町村學校、及手習學校等相繼興起。此等之學校。授初學者以地理歷史博物等之初步。獎勵國語。同時又合臘丁語教授之。漸有進步之狀。其有力之教師之兼爲僧侶者。因欲其自擅權勢。由是教師與行政官吏之間。互相軋轢。爭論無已。加之教師爲日常之窮于生活者。無一定之住所。朝村暮郭。來去無常。甚至以一群射手雜于學生隊。竊取家蓄或種種之食物。有醜教育社會之面目而爲教育進步之障碍。其學校無校舍。多用寺院或公共之共同家室。

（丙）女子教育

女子教育

通常社會中。放棄女子教育。僅爲女尼者得受其教育。然武人社會以有尊重女子之風。因此而其教育亦不忽之。其裁縫編物繡刺及家政等。自不待言。其他讀書習字文典佛語臘丁語等。亦爲婦女必要之教育科目而使學之。

第八章　貧民教育

共愛會　教育之精神

第十四世紀中有格覇特格爾特者。在荷蘭之北方。組織一舍。名共愛會。從事於貧民教育。廣集貧兒孤女而盡力於教育。其教育法在使生徒之行爲潔白純樸質素。能富於慈愛心。又以他人所助之財產。別其勞働而講求濟世之途。直引起世人之慈惠心與保護心。後來卒受法王之保護。至第十六世紀時。直波及於日耳曼之北部。共愛會之教育。皆以基督教之精神貫之。使生徒以基督教爲人間所必須者。又使之爲眞正教育之基礎。智識研究之最良法。同時又以智識研究之良法教之。其生徒不獨受普通教而已。至于熱心以愛文學及理學等之高等學。諸國高等之學生。多集于其校舍。其後漸至進步。

第九章　煩瑣哲學

推測式推理　亞丕而特

自第十二世紀。即有所謂煩瑣哲學。煩瑣哲學之意。在于爲推理之研究及能辯術。即推測式推理等。所謂推測式者。爲推究一個之前提而得其斷定之法。蓋推

亞丕而特

理法。雖在智識狹隘之野蠻時代。不能以簡易之推測法而論斷事理。至此時漸備其形式。發達完備。故非以此爲一種之創見。不過就于已會得之概念上而推測之而已。其概念之奧義。以爲神學之收藏。在當時不得謂獨立之學科。觀當時哲學之意。只不過爲學之奴隸。在中世紀中學者之能辯術以供聖書之解釋。及說明亞里斯度德爾之教義而已。

亞丕而特之煩瑣哲學。一時大赴于隆盛。出能辯家甚多。亞丕而特以千零七十九年生於法國。爲有名之能辯家。爲煩瑣哲學者中之教育家。可稱第一等人物也。氏於人間之心意開發上大有發明之處。當時口演教授稍減。以印刷術未起。書籍尙稀。若有以天才之能辯術而授其智識之教師。非常爲人所引重。氏之在巴黎開講也。有學生數千。自歐洲各部群集門下。而哲學思想大爲發達。後遂以巴黎爲歐洲文化之中心。

第十章　回教之學問

學問之獎勵　化學

回教學問之獎勵

化學

大學之創立

第七世紀回回教之起也。先威服亞剌比亞。次併呑亞細亞亞非利加歐羅巴之諸地方。行其政權。而施其教育。其屬下之酋長。亦相競而獎勵學問。爭設學校。以亞里斯度德幽格利特等之著書。譯成亞剌比亞語用之。至於第十世紀之頃。於東方之古把格特打馬士加斯。西方之課兒特瓦沙臘曼加特力特以及其他之都市。設高等學校。使研究文典、數學、天文學、哲學、化學、醫學等。大有成効。彼化學爲亞剌比亞人之所創。而發明亞而課貨、硝酸、硫酸等。又以代數三角術爲現今之形式。又以搖錘驗時。以測度法測地球。製出星辰表。此皆其獎勵之結果也。故亞剌比亞爲一時歐洲智力之先導者。諸國之基督教徒研究。皆亞剌比亞之學問。以計基督教民之發達。至於第十一世紀之中葉。其學問亦爲基督教派人民奪。漸至于衰微。

第十一章　大學之起原及其設立

大學之創立　格兒遜　屋特耶洛布耶爾特

因十字軍之結果。而人間之智識大進。都邑亦至殷繁。且高其平民之地位。開一

格爾遜

屋特耶洛布耶爾特

切好學之風。加之受亞剌比亞回教學問隆起之餘波。而教育之道大開。歐洲各部。見高等學院之續立。後遂改大學之制。蓋其初不過監督管領學校等之漸漸進步。或青年學者之相會與共修學問研究所之發達而已。而其尤早者。則爲第十二世紀博洛尼亞之法科大學。其次則爲沙烈爾洛醫科大學。其後巴黎及耿布力齊俄克斯布而特等地神學及哲學之大學並起。而其中尤以巴黎大學爲歐洲文學之中心。分神學哲學法學及醫學之四科。至十四世紀而敗壹的而辟而喜勿朧克屋溫那貳勃而特朧依勃取徐洛士多克格烈補士瓦特印課兒士打特秋而凌克馬依耶爾晤等之諸大學競起。

當時爲有名之教育家者。爲巴黎大學教授格兒遜及破踏大學教授屋特耶洛布耶爾特兩人。格兒遜以爲教師之對生徒。宜如慈父之對愛子。決不可臨之以怒。其教授法簡單明暢。當使生徒易於理解。且不可不使之樂受其業。氏又以小兒譬爲微細之植物。若非注意補育之則凋落枯死。不幸孰甚。且痛論躰罰之不可。屋特耶洛布耶爾特欲使心意與身體平均爲其發達。奬勵水泳、乘馬、擊劍、等

寺院之腐敗

之體育。其教授法、第一、使之有趣味而快樂。第二、宜伸張小兒之特性與材力。第三、預於各學科爲其教授之準備。

西洋近代教育史

第一章　古文學復興前教育之大勢

寺院之腐敗　僧侶之無學

古學復興以前。教育之腐敗。實爲非常。智識道德。掃地盡矣。所謂僧侶者。昔則含有爲教育學之意。今則殆變爲無志進修之意。無學問。無德望。徒戀戀於浮世之虛飾。無非利己主義。絕無謀寺院教育之振新者。至人民之頑愚迷妄。又無足怪者。舉其社會盡投入於滔滔日下之腐敗亂流中。德國一哲學家評當時之風尚。其言曰。神學研究全爲世人之所賤。無一人之繙聖書者。捨信心、敬神、節制、等之德。比異教者爲尤甚。哲學、神學、一切皆不知之。而揚揚德意。常占寺院之重位。且任彼所爲。漸爲世人所蔑視。使世之爲父兄者。無敢以其子弟而受僧侶之敎者。殆可謂定評也。

僧侶之無學

當時之學問。實爲窳敗之境遇。其兒童從僧侶欲學得多少之臘丁語。亦須費二十年之功。倘學得其臘丁語。則爲世人所賞讚。而受大學者問家之待遇。而一切之僧侶概無學無識者甚多。固自不知自行修學之道。自學尚有不足。然則如何能教育他人乎。回顧過去十數世紀之長年月間。世之從事于教育者。爲圖其人智之進步發達。僧侶則嘗有爲教育學之意。今則并其自己所必用於其職務上之學問。亦放棄之。遑問其能教人乎。則當時教育之如何退步。是又不難想像而知矣。幸而有古文學之復興。再有漸漸進步之日。

第二章　古文學之復興及其影響

意太利之古文學　及於宗教上之影響　及於教育上之影響

意大利之古文學

古文學之復興。元濫觴於意大利。以第十五世紀之膽的破加希俄及丕特臘爾特等爲其先導。先是一千四百五十三年。課斯呑取洛布爾之滅亡也。希臘學者多逃于意大利。爲意大利及其他歐洲諸國之教師。移植古文學而傳播之。使人及自然嗜古文學研究之者漸多。遂以此譯爲當時之國語。起學校。開圖書館。大奬勵斯學。其後英法德及其他諸國之學者。留學於意大利者。益多。其研究之結果。自然傳播古文學於諸國。

及於宗教上之影響

（及於宗教上之影響）因古文學復興之影響。各國皆能養成其思想之自由。意大利因古文學之研究之進步。其上流社會皆減其敬神之念。加之有名之高僧中。皆以基督教之教義爲無眞理。德國亦以古文學研究之結果。大有礙於基督教之教義。益啓發其研究之精神。見當時寺院之腐敗。爲宗教改革最好之材料。當時僧侶以其無道無學種種腐敗之跡。恐爲人所窺破。乃大反抗古文學。洛依喜凌耶臘士孟斯等古文學者出。而指摘寺院之腐敗。爲宗教改革之先導。

及於教育上之影響

（及於教育上之影響）一面又因古文學之再興。以中世紀之書說粗雜。而以希臘羅馬之華麗文章代之。印刷術之發明。益助其教育之普及。一面又爲修古文學之結果。別生其嶄新優美之思想。及文學上之嗜好。以此之故。大促其國語之變化。其間或有天才之著作家出。而改良之。由是國語亦爲智識擴張之機械。或有非凡之美術家出。而公其製作。以促進美術之嗜好。擴廣人間生活之道。以開

改革之諸因

發個人之思想及自由探究之心。爲教育改革之先導。因此而古文學之及於宗教與教育之影響。次第凝結於人心。爲大改革之一動機。遂於社會上生一大變動。終有宗教改革之事。

第三章　宗教改革及其影響

改革之諸因　新教之主義　新教與教育　教育改良家之意見

宗教改革。破世界之迷惘。一掃人間之保守頑心。而智識道德之進路。遂放一大光明。又大有助於教育之進步。先是古文學之復興。漸次有成效。研究希臘及羅馬等古文學之嗜好。大養成人人之探究心。以僧侶之無學不德。訴其不平。使之欲以人間之思想而脫宗教之壓制。又以火藥之發明。於社會之組織而生偉大之變動。殺貴族之權力。高平民之地位。遂於社會之組織中而起大革命。又發見亞非利加及東印度之航路。哥倫布發見亞美利加。課丕爾尼士加說太陽統之運動說。不僅於地理學上及天文學上有所裨益。大擴張人間萬事智識之範圍。又有印刷機之發明。而減少寫字之煩勞。與其時間。以助智識之普及。自人智之發達而嫌寺院之壓制不德。則社會之趨勢。自然爲宗教改革主義。耶臘士孟斯路德面臘喜頓稚印克利加爾潤等諸人出而攻擊僧侶放蕩驕奢之風。痛斥其無學不法之狀。指摘其教法之腐敗。而路德之宗教改革遂得成功。其餘波直波及於教育上。即此於中亦有一大改革。

新教之主義

新教之所主義。第一爲人間信仰之正道。第二聖書爲言行之模範。而不爲信仰之標準。人倫因信仰而得天佑。則皆以其良心與聖典。使各自定其信仰之自由。至定其信仰之後。則可起其自助之心。可發其審問之意。於是以智能起於碎礪。不可不開學校。不可不求良教師。不可不修聖典。終之而新教遂爲新教育之母。

新教與教育

新教之所說。在於探究天地之眞理。故大奬勵其教育而研究之。而研究之教育法。不在於養寺院之生徒。而在於求其適宜於人世之道。當時之風氣如此。以教育其子弟。爲第一之慈善。上自貴族。下至庶民。各盡其分。而以爲其慈善之故。遂盡力於教育事業。

此教育之普及。在促其進步發達之氣運。自是而中世紀之以過激抑制爲主者。教育中一切之悪弊。漸至消滅。而教育之區域。亦大爲擴張。并注意於身體之健康。以啓發其智力。養成其德義心。使之十分發暢。助長於是不生產之能辯術。遂爲生產之實學。至於以智識身體德性三者。啓發之。使至於完全之域。

教育改良之意見

今以教育改革者所有一切之意見。略述於左。

第一　言語之研究。先於事物之研究。盖智識爲訴於感覺而後通之於思想界者。言語不可不先從事於國語。

第二　古文學可授於授將來高等之教育者。受普通教育者。不必用之。

第三　因欲强壯其身體。不可不學體操。

第四　其教授法不可不設自然之次序。

第五　教授法之要領如左。

(一)自有形進於無形。(二)示以實物使分解之。(三)教以規則而先授其關於此規則者事物之智識。(四)雖以智識注入之。又自注意於使之

耶臘士孟斯之教育

其意見

啓發（五）不抑制生徒之心使善之舒暢（六）使起其探求智育之興味

（七）記憶可以實驗理解爲限

第四章　耶臘士孟斯之教育意見

耶臘士孟斯之教育上之四要素。　其教育意見。　幼童教育。

耶臘士孟斯以一千四百六十七年生於洛跌爾打孟入巴里大學爲研究文學及神學之人至教育上之禮儀尤以爲必要其教少年者以左之四要素爲重而教育之。第一不可不以恭謙啓發小兒之柔和心。第二不可不使之學習技藝。第三於交際上之有近效不可不教育之。第四自幼稚之時不可不基於道德之主義以慣熟其德行。至氏之所最重者。第一爲恭謙之德。

（其教育意見）　氏以人間之幸福有三。其一、則爲天賦之美質。其二、則成自學問。其三、則鍛煉其心是也。故有天賦之美質者。不可不常從善而涵養其高尚之思想。其在學問者。與其謂在於磨練其智識。毋寧謂尤在於加其宗教上及道德上之訓誡。至鍛練其心則爲常存其天賦之美。且不可不實行其學問上既得之

幼童教育

腊必賴斯之實用主義

智識。是氏所重之教育意見也。

（幼童教育）　幼童教育以深切慈愛為旨。為父母者宜注意其保育。可深其慈愛。父宜與小兒親近。且可謂善良。使小兒恐怖之者。殊非適當。且非使之生育之道。急宜避之。與其毆打懲戒。毋寧以溫順待遇之。而深切訓戒之。反為有使之心服之效。以此方法教導者。則無不聽其兩親之所命。少年之身體。為以少許之營養分而養育之者。故不可不養其心意。且徐徐而與少許之智識。如彼之自國語而因於習慣與實地者。可任其自然而習熟之。

氏於女子教育亦大獎勵之。凡以教育其兒童與可助其夫之修學者為重。使受其與男子同樣之教育。

第五章　腊必賴斯之教育意見

腊必賴斯之實用主義　自然科學　實物教授

腊必賴斯者。富於理想。且豐於創造力。為卓見家。以一千四百八十三年、生於英國。為人間心意之練習及開發改革家中第一等之學者。而自然科學之先鞭者也。氏與煩瑣哲學之空理主義者。大有不同。所謂基於實用之主義而施創造之教育者。排斥無益之注意。而使之留意於其實用。以經驗與事實爲主。脫盡彼之狹隘學校之範圍。而辨別其日常觸目之事物。使通曉於世事。而富於智力。修練其記憶力。進其精神之自由。又使之開發其心意。一面又涵養其意氣。强壯其身體。一面注意於德育。以智識身體及道德之三者。而發達至於完全。因欲身體之健康。而注意其衞生法。獎勵其體操。及野外運動。乘馬角力游泳等。壯健其體力。又於同時使其心意使用活動。鍛鍊其心意。以强壯其智力。而委心于人世一切之變態。事於神。而以其一身之全希望。奉于上帝。又爲之說愛衆人、敬父母、尊師、忠君。以大養成其道德心。

（自然學科）中世紀自然學科之研究。視之度外。不過於亞里斯度德爾之著作。及聖書。稍有知之者而已。學其推測式之研究。學其必要者而已。氏以自然學科爲人間必要之學問。而置於其教科之主位。即研究其游泳於河海湖泉等之魚類。飛翔於空中之鳥類。棲息於地上之動物。藏於地中之礦物等。使擴充人間智識之範圍。氏之言曰。人苟觀察自然界之美妙。則想像力自然增進。使養其精神。强健其心意。

（實物教授）　氏之教育法與盧騷之耶米爾恰同。能委其身於實用之事業。而養成其人物。故雨中不能外出之時。則斫其家居之材木而臼穀物。其談話自日常食膳之細事中而自然包含其教育之主旨。其疑問及材料皆關於可直覺之實切。又天氣晴朗之時。則出於野外。就於牧場林野。而觀察其植物。又至山谷檢查岩石鑛物。以書籍比較之。採種種之標本而研究之。氏之教授法爲實物教授。在於親經經驗於實地而學之。

第六章　路德之略傳及其教育意見

路德之略傳　公立學校設置論　僧侶之忠告　公立學校之利益　教育傳習所與半日學校　其教科　其教育方法及　教師之尊敬　其結果

（路德之略傳）　馬爾親路德者。以一千四百八十三年十一月。生於德國之阿

實物教授

路德之略傳

益斯凌柄鑛夫之家。自幼、受嚴酷之家庭教育。與學校教育。年十八。始入於耶兒甫特大學。三年卒業。氏一日入大學之圖書館。研究聖書。而大有所感。而決心爲僧侶。直入該地之寺院。研究神學及哲學。三年。有所發明。年二十六。爲威丁辟兒喜大學之教授。講神學。其校長見氏爲有爲之人物。深爲驚異。當時氏雖常時時出而爲其說教。然其精神所溢。不飾一言一語。大爲世人之所注意。一千五百十一年。赴羅馬。當時寺院之腐敗彌甚。以贖罪金而飽於不德之僧侶之腹中。慨然有救濟之志。遂以一千五百十七年十月三十一日草檄文九十五條。布告於天下。謂惟神得赦其罪。是即爲宗教改革之先鞭。當時之寺院。甚反對之。因兩派爭論其贊否。遂囂然引起宗教上之大議論。天下騎然。一千五百二十一年。招氏往烏阿兒陪斯之帝國議會。以法皇與國會之威權脅嚇之。而飜其說。然路德毅然不應之。而自聖書摘示其正當之理。以論辨其意見之非。不當者。決不肯稍曲其說之一步。意謂苟無良心者。決不得爲余論所動。其後大主張改革意見。遂行宗教之大改革。因此又助其教育之改革者。不尠。就於氏之意見及事業。有可述者。

公立學校設置論

（公立學校設置論）氏以一千五百二十四年書論公立學校之設置。而送於府縣知事及府縣會議員。曰第一、世人何故以學校爲輕忽。世之盛衰。一自教育之良否而定。國家之貧富決於兒童之賢愚。然世人晏然無一顧之者。是余之所大憂也。其教育兒童者。爲對於神或對於天下之責任。尤爲世人之不可不盡力者。其次則望吾人以神之仁慈爲心。而改其從前之教授法。則毋寧無之。其次、則爲神命令其父母。不可不教育其子弟。然忽其兒童之教育者。實爲最大之罪惡也。乎哉。惟可憐者。則同世之爲父母者。欲教育其子弟。而或因時間與資產之有阻力。是故政府亟宜以教育自爲其本務。人民亦不可不依託之。如古之羅馬人及蠻丁人。即其成例也。若欲望其完備。則於各都府宜置學務委員。理學校中之新教。又宜教言語學。若無言語學。則無新教。余得舉一子。則必先使之學語學。次之學歷史、唱歌、音樂、數學。古之希臘人以此教育其子弟。終爲可驚可喜之良民。其最後之宜注意者。則附屬於學校事業者之圖書館之設置是也。倘若設置此圖書館時。則世人宜以勞力與財力而助之。政府得强其人民以服於兵役者。則民亦得强其子弟以使之就學。若望其國之富强與太平。則不若起公立學校。施善良之敎育。而敎養其人民而訓練之之爲愈也。

僧侶之忠告

（僧侶之忠告） 氏以一千五百三十年著一書告僧侶。曰。第一、僧侶不可不爲世人送其兒童於學校。無論僧侶之利害與學校之利害。皆不可不使兒童入學校。不然。則爲僧侶之不利益。而兒童非皆爲僧侶者。不可不注意。宜使之爲良國民而敎育之。第二、神之所爲。可使下愚爲君子。兒童初受敎育之困。敎師實可稱贊之人物也。余棄其說敎之本務時。自學校之敎師外。無欲爲之者。余謂政府有强其愚民之子弟而使之就學之權。若爲貧家之子弟。則宜以寺院之財產助之。

公立學校之利益

（公立學校之利益） 氏以家庭敎育。畢竟爲不完全。而論公立學校之利益。曰。試觀今日之家庭。一任其兒童之無智無識。即其能與人談論者。亦絕不見之。而況有助於人之利益者乎。宜其於社會上一切之事皆無經驗。成爲世上之廢物。然以此等之兒童。使之一日試受學校之敎育。因其敎師以言語歷史及技藝而懇切指教之之故。則兒童富於世界之智識。於言語上無所闕乏。加之精通於技藝。殆若別成其爲一人者。此不啻爲其一人、之利益也、亦大爲國家、之利益。

教員傳習所與半日學校

（教員傳習所與半日學校）　氏之論既如此。以教育事業爲國家之負擔。有說其人民受教育於其子之義務。大獎勵其就學。其爲困難者則爲教師之缺乏。因此而選學校生徒中男女之優等者。設教員傳習所與學校授業時間外。與以特別之教育而爲之設附屬書籍館。以助學問之研究。而謀養成善良之教員。又氏欲使子弟以助其父母之職業。且使兒童之心不倦。乃短其授業時間至二時間。起其所謂半日學校。曰使兒童每一日於二時間以內使在於學校。以其他之時間。助其家業。

其教科

（其教科）　氏以宗教爲第一之學問。自九歲十歲時使繙聖典。以學科爲第二之學科。其語學雖以理解其本國語使用之爲目的。又欲其深解之。勢必研究古代之語學。臘丁及希臘語等。而以實際之應用爲主。以歷史爲重。雖課數學及自然科學。而如工藝及能辯術等。却不重之。體操雖不可忽。而其尤致意者爲音

其教育法及尊敬教師

樂。蓋音樂可以養兒童之元氣。優美其精神。發達其道德心。爲學校教師者。必不可不知之。不然。則無爲教師之資格。

（氏之教育法及尊敬教師）氏以學校爲自由快樂之地方。使兒童以學爲快樂之事。又使兒童之暗於社會之事情者。恰如瓶中所生之草木。以兒童牢居於學校者。爲昔時教育上之弊習。使之大習熟其社會上一切之事。又奬勵其游戲運動。其教師則以寛容溫和爲旨。過激之責。過分之干涉。信非教育兒童之道。氏又注重教師之職。至比于宣教師之職。意謂社會上之職業中。無有過於教師之貴重者。不能定其宣教師之職與其輕重。

其結果

（其結果）氏以熱心所盡力之結果。不幸而遇於彼之三十年戰爭等事。雖無目前響應之結果。而奉新教諸國之政府及人民。自此遂有學校之設立。及其管理之準備。德國獨先經理于其事。至各府縣各郡區。到處皆有學校之設。嗣後其他諸國亦倣行之。卽法國亦於千五百六十年。呵兒列安斯之國會決議。其學校教育振起之事。其議中意謂以保護其可教育國中少年之教員與市邑中之學

特兒音列爾夫之略傳

其教育意見

者故。而課其寺院之歲入。強迫其父母。使其子女就學。若不從之者。即科以罰金。以貴族與官吏執行此規則。決議。

第七章　特兒音列爾夫之略傳並其教育意見

特兒音列爾夫之略傳　其教育意見　其教授法

（特兒音列爾夫之略傳）特兒音列爾夫者。爲助路德宗教改革事業。而從事於教育改革之事業者。以一千四百九十年生於德國格凌稚府。年幼時。身體羸弱。不能用心於學問。及長。至溫丁比兒喜地方從路德及面臘喜頓等。後又遊臘依夫取喜以研究古文學。學成之後。爲希烈精州郭特別希府之文科中學校長。從事於實地之教育殆三十年。始終盡力以求教育之改良。爲一世之模範。其教授上之方法。至今行之。不少衰。要之氏奔走於路德之宗教改革。專竭其全力於教育之改革以新其制度。

特兒音列爾夫以宗教爲一切教育之基礎。教育之目的。在於養宗教上有用之人物。故教育者。當以受教者之德性及感情而練習涵養之爲主眼。又解說古時有名之倫理學者所倡道之倫理上之原則。以爲日常行爲之基本。旁研究路德之宗教問答書。以音樂爲引起其高尙之觀念。與宗教上之感情所必需。故自撰擇其音譜而大獎勵之。次以國語及臘丁語爲教科中之主位。其他數學論理學希臘語及猶太語亦兼教之。

其教授法

（其教授法）氏之教育法。以極嚴肅爲旨。如氏所管理之學校。設學校裁判。審判其受教者之倣。以矯正之。其目的在於不知不識之間。而使有嚴重之制裁。今述氏所主之教授法如左。

第一　學問上之定義。須簡略。其例證可明了之。而求其實際教科之練習。可屢屢行之。且可長接續之。

第二　事物之教授與言語之教授。使常連絡之。質而言之。則圖其物與詞之連絡。

第三　讀書之發音。當明晰。談論則以人之思想而擴張發達之。平素常用之言語。使之習熟。習字則宜增長其智識。

第四　智識之進益與其範圍之博大。寗圖其內容之深奧。

第八章　斯爾晤之教育意見

教育上之三要義　其教育意見　其學科

教育上之三要素

斯爾晤爲文學主義之教育家。以一千五百零七年生於普國之希幽臘依丁年三十一。爲特臘斯爾喜之文科中學校長。居四十四年間。圖其教育之改良進步。其在德國各部者。自不待言。即葡萄牙、波蘭、丁抹、法國、及英國等。亦有生徒數千來集。其名望遠至於亞美利加。其教育之主義。在養其信神、智識、能辯、等之三要素。氏以爲一代之教育事業者。即中等教育是也。今略述氏之意見於左。

其意見

（其教育意見）　其教育上之意見如左。

第一　使學習語學及事物之智識。而皆自觀察移於理解。自事物進於言語。

第二　新觀念必使與舊有之觀念而混合類化之。

第三　新得之智識。比舊知識之價値少。故使之復習其舊智識。而維持其觀念。

其學科

第四　凡事物之互相連絡而有關係。始能達其目的。則教師不可不勉圖學科之連絡。

（其學科）其學校教育至兒童之年齡及於七歲時始施之。分其學級學年爲十級。每年一級。其第一年級爲讀法、習字、臘丁文法、德國語、或臘丁語之問答。第二年級爲臘丁文法。並暗誦臘丁語與不規則之語法。第三年級爲普通所用之臘丁語與文法上動詞之變化。臘丁語句之組成。取耶洛文集之讀法以及解釋及文章等之練習。第四年級就於臘丁之文章取耶洛文集等。採文法上之規則與體例。又使練習其常用之文章。第五年級以取耶洛之文集及臘丁之詩。便譯爲德語。又課格兒唔書簡之讀法及希臘語。第六年級以上者。則以日用言語之研究。而以取耶洛富屹爾之詩、希臘語之初級、羅句之詩、及文體與演說。使之譯爲德語。並使之讀博洛之書簡。典目斯接連斯演說集。依力雅特及呵典稚雪等。且授以作詩法。教取耶洛及典目斯接連斯之演說與論理學及修辭學。使讀其大家之底本。其最爲高等之學級者。於論理修辭二學之外。授大家文之翻譯及

教育上之勢力

其教授法

演說作文等。

蓋氏以教育有非常之缺點。因其學科中全爲古文學。而棄一切之地理、歷史、數學、博物學、及國語。用此教育。不免有暗於世事而養成迂遠人物之弊。

第九章　荐斯依特派教育之概略

教育上之勢力　其教授法　其利害

荐斯依特派爲舊教徒之結社。握教育之主權。以抵抗新教而擴其教區。且欲維持其既得之教區。而有所經營。故於教育上甚有勢力。其教育法亦甚完備。使世人以荐斯依特派之學校爲模範。千六百十年時。有大學二十四。專門學校六百十二。師範學校百五十七。後次第就衰。遂於千八百七十二年終歸於泯滅。

（其教授法）荐斯依特派之教育。以高等學校教育爲重。若小學教育則放棄之。嘗不設小學校。其在高等教育之下級者。教臘丁語古文學及修辭學。其在上級者。教歷史科學哲學及數學。體育則大尊重之。養成優美之資容。使其精神與身體壯健。爲一大丈夫。使彼於異日得領有相當之地位與財產。

其利害

競爭心最能使人振起發達。大獎勵之、使生徒養其互相抑制之勇氣。如市尹巡查什長等皆自生徒中撰任之。以養成其競爭心。

蓋荐斯依特派之教育有數多善美之點。同時亦不少其欠點。今舉其美點、第一、爲學問優等勤勉之教師取善良之教育法。懃懃懇懇引導其生徒。第二、適於校舍之實際。舍內清潔足爲後世之模範。第三、使子弟有信用。第四、使生徒正其威儀。優美其舉動。其缺點則無愛國之思想也、起過激之功名心也。浮誇心與收賄心也。不免有害於宗教及人之天性。

孟得紐之略傳

第十章　孟得紐之略傳并　其教育意見

孟得紐之略傳　其教育意見

（孟得紐之略傳）孟得紐以一千五百三十三年生於法國之丕利科兒府。爲有名之教育學家。六歲時能操臘丁語。十三歲在博德烏學校卒業。千五百五十四年被選爲博得烏之國會議員。後游歐洲諸國。歸國後爲博得烏洲知事。然氏常留心於教育上。攷究教育學不怠。公其著作以大計其教育改革。千五百九

其教育意見

十二年病沒。

（其教育意見）教育之目的。不特在於精神。又注重於身體。精神身體兩者。果得有完全之發達。即使智育體育之兩者並行。其發育當時教育之趨向近於文學。教育之目的。在於知古之言語文章。偏重於文學之智識。而排斥實用。彼乃矯正此惡習。大主張實用之教育。其學科。皆以此意爲主。雖深遠之學理。而與實地無利益者。皆放棄之。　氏又排讀書之教授法。而以觀察之教授爲要。故其教生徒也。用口授法。雖亦有用書籍者。然必視其生徒之材能嗜好而後授之。　氏論當時讀書之弊害。其言曰。以人之子弟幽閉於書齋。徒爲書籍之奴隸。而縛束其精神。其拘困孰甚焉。意見多偏於書籍。皆暗於世事。而不適於其職務。因述其教授之精神曰。使吾人以其所讀者融化於心中。如蜜蜂之於花間。集其甘液以作蜜。然後反省批評。以判定其說之是非。免爲書籍之奴隸。是不可不修練其判斷力。至於眞正之教育法。由眞正之教育。則須家庭置教師。在於使子弟不論其時與地。皆不制限之。使於悠悠嬉戲之間。不知不識。而導其學問。以得其知識。若制定其時而分限其地。苦耗其精神。又嚴以文典而教授之。則不獨無益。反爲有害。凡眞正之學問。苟有宜徵諸實驗究其實理者。其教授總以宜事物爲先。以言語爲後。又宜用力於體育。以嚴正其容儀。

氏之教授法。於女子教育。雖不免有缺點。然自全體觀之。不可謂非善良之教育法。即知陸克盧騷等。亦無不以氏之旨爲祖道者。而長爲關於智育教育上之模範。然在於當時。氏之說尙未實行也。

第十一章　臘取喜

臘取喜之畧傳　其教育意見

（臘取喜之略傳）臘取喜爲實地教育家。圖其初等教育之改良。而破其舊者。雖其後有事情不能達其目的。而其議論今尙有奉爲圭臬者。氏以一千五百七十一年。生於德國之貨爾斯他希。長入陸斯特克大學。學哲學、及神學。後爲教授。講臘丁亞剌比亞語及數學。居八年。於實地教育上。大有所得。遂以新教授法。爲考案。一千六百十二年。以諸學校之設置論。與其教授方法之改良。獻言於當路。

其教育意見

大為所賞。一千六百十九年。在克丁設模範學校。置印刷局。刊行教科書。多用教員。特授新法。其法為通常時間二分之一。且大減其勞。氏於克丁大盡力於教育。後因宗教上之事功。遂不得成其功。後又至瑞典。從事於教育。不幸而於一千六百三十三年。罹於半枯之病。越二年乃死。

（其教育意見）氏以教育之目的。在於唱導人間之道德。以宗教與道德為教育之骨髓。其教育上之意見。大略如左。

第一　教授一依于自然之次序。必由近而遠。由簡易而進於繁難。

第二　於一時中多授學課。徒亂精神。其有害於發育者不淺。故於一時教一事。倘能理解之。庶可印入于其腦中。

第三　一度教之而不復習者。或易於忘失。則於未教他種事物以前。必使復習之。

第四　凡教事物。宜用國語。務使集智識於語學科。非國語善淩。不授外國語。

第五　先示事物之形體。後說明其性質。及其事實。用集大成之法教授之。然不可教以規則。若生徒明於所已得之事。眞有把握。亦可授之。

第六　重事物之實驗。使生徒發揚其探究心。而發起其自動之精神。

第七　按學年之次序。而擇教科書。定教授法。否則生徒之思想界不能開通難窮事物之理。

第八　生徒勿令其暗誦。在教場中。必使常覺愉快。則於教授之際。自有興味。

第九　不使生徒有懼其教師之念。而宜使之有敬愛之心。至於體罰。則堅禁之。無論如何事情。不可動行壓制。

氏所設教授法之意見。如此。後乃普及於德意志法蘭西及其他諸國之教育社會。一掃舊來之惡弊。益得善良之成績。

第十二章　科面紐斯之略傳幷其教育意見

科面紐斯之略傳　其教育意見　教育者之任務　自然教授法

教育之四階級　小學教育之目的　兒童訓育法

科面紐斯之略傳

（科面紐斯之略傳）科面紐斯以培根之哲理應用於實地教育法。乃分學校之階級而爲今日形式教育組織之基源。實十七世紀之第一教育改良家也。氏以一千五百九十二年生於意大利面林州之科陪雅。幼無父母不能受完全之教育。年十六入文科中學校。一千六百十二年。游丕爾博大學。後移入海典兒丕喜大學修哲學及神學。一千六百十六年爲宣教師。一千六百二十八年。爲博林國力沙府之文科中學校長。於教育界上大有所發明。原自然法著教授論。又臘丁語教授法。氏於培根之書頗事研究。乃有志網羅各種專門學之大著述。起一學士會。一千六百四十一年。受英國聘從事於普通教育之改革。無何遭亂。逃瑞典。遇有名之政治家呵克新斯取依語以大著作事。氏知呵克新斯取依無助之之意。乃已著語學教授法論言語與實物之連絡及理論於實際之同一。一千六百五十年。氏自墺國烏兒剛都府受學校改良之託。設一模範學校。居四年。著作及於十五種以上。所有世界圖畫一書爲歐洲全國之教科書。後歸故邑力沙。遭兵亂。失其所有財產。流寓于各國。至一千六百七十一年遂歿。年八十。

其教育意見

教育之任務

（其教育意見）其教育上之意見。其所著教育全書中云。人間終極之目的。在於與神得永久之幸福。蓋人生有三性。第一辨別道理之性。第二制已向外之性。第三以上帝爲模型之性。得此三性。乃有三法。第一學問。第二道德。第三宗教是也。學問則開諸技藝及諸學術之智識。道德則不獨形式上之禮儀。並養其內界之善心。宗教則使生敬神之念。須此三者俱完備。乃得爲完全之人。然則教育者之任務當如何。第一教理學及藝術。第二雅其言詞。第三修其道德。以此爲主意而施其教授。第四在於使其心中生敬神之意。其教育之宗旨如此。苟使人心漸覺聰明。行爲具屬良善。感情多歸篤實。則學校之能事畢矣。故教育必以心理爲基礎。至於諸能力。不可不從自然之順序。而啓發之首在感覺。其次想像。其次記臆。若推理力與判斷力。則更在其後也。

氏在於使完備之教育事業。發達人間之諸能力。而臻於至完至全之域。大都據自然之法則。作完全無缺之人。且以培根之科學推理法。應用於教育。採用直覺方法。務使能實驗以爲智識。由直覺之觀察而發達。非由文字而發達。是以務以天地間之自然。使直覺觀察而收得之。不使僅以己之所直覺爲他人之觀察試驗。今述氏之敎育意見之大旨如左。

第一　敎育者在於發達人間之諸能力。使臻於完全平等。而成美滿之人。其法皆當從自然之法則。

第二　敎授當自幼稚之時始其方法。務使愉快。敎師當常與生徒密接。共喜樂。使學校爲生徒好學之地。

第三　不可於同時敎許多之學科。以紛雜其能力之作用。不能使有所心得故也。

第四　先當以實物爲直覺觀察。而後始表於言語。其所授之智識必當適於生徒之能力。自有形至於無形。自簡易至於復雜。自卑近至於高遠。不可徒使暗記不能理解之事。

第五　語學主實用。先自實例始。稍習熟後。敎文典讀法書法。當於同時授之。

第六　敎師當萬事躬行。而爲生徒之模範。使生徒能實踐。

第七　宗教實爲不可少者。當使熟知基督教之道德。以養成其謹愼、謙遜、正直、慈惠、耐忍等之各德。

右七件之要旨中。第一則實爲教授法之骨髓。且亦氏之教育意見中之要點也。盖氏之所謂自然者。不曰兒童之天性自然。而曰教授材料之自然。廣及於宇宙全體之意者也。鑒動植物及人類發達自然之通路。以之應用於教授上。據此自然之原則。而定教育之時期。區分教授材料之撰擇。教科教授之方法。學級之編成等。今示自然教授法之要領於左。

第一　從自然之理則。必有適當之時期。故雖如修學。亦不可不適合年時。其教授當以兒童不越之智識爲度。

第二　自然皆由內部發達者。則教授必不可多。自外部注入。必當發達養成。其存於中心者。不可暗誦者。亦不外乎此理也。而其所解者。既暢發之於言語。即言語不可不準於理解。

第三　以爲自然者。徐徐進步者也。故教授法亦不可不循序而進。先入之智識。爲後來智識之基礎。若先事尙未明解者。則不可遽敎以後事。

第四　以爲自然者。乃整然而進其步者也。故敎授法亦不可於一時中而混雜以多事。至一事告終後。又繼以一事。蓋下級爲上級之預備。可謂良敎授法。自此理推之。以一生徒而從於衆敎師、不可也。何則。衆敎師以一生徒而欲其爲一律之進步。殆不可望。故分課敎師不可也。必使各級中有各別之敎師。

第五　從於自然之理而學時。必要練習。觀於人之始學步行。亦不可無練習。則敎授從可知也。故以讀書習字唱歌而敎其生徒者。不依賴於口頭。己亦不妨爲讀書習字唱歌以導之。學語學者亦然。若讀其敎文典之書籍。不如自聽之自言之。抑智與德之種子。自始包藏於人之心中。則學問訓誨。不過使之發育而已。是盖敎育中敎授之大目的也。

（敎育之四階級）　氏之學校組織。實爲適當。分爲四種。幼稚園、小學校、中學校、大學校、是也。

小學敎育之目的

幼稚園　即爲家庭敎育之場所。母爲敎師。女子六歲使習禮義作法等。又使學將來入小學校學課之大要。

小學校　爲敎六歲至十二歲兒童之所。專以國語敎授。其科目爲人世所必不可少者。爲兒童家計不裕。不能進高等專門學校之計。故其間普通智識。莫不完備。各町村各設之。

中學校　自十二歲入學。修業六年。受完全之普通敎育。所以養成中等人民。各都市各設之。

大學　自十八歲入學。二十四歲卒業。敎高等之學問者。有名之都府中設之。

當於學校之位置如何。多不注意。氏知學校之位置。於敎育上有大關係。以爲當設立於無流行病等侵入之地方。而又風光明美快活淸潔者爲宜。若在於人民群集繁華喧噪之地。不獨大有害於德育而已。即體育及智育上亦大有害。不可不避之。

（小學敎育之目的）氏所規定小學敎育之目的。在當時誠爲嶄新之創見。與

兒童訓育法

現今教育家之意見正同。今舉氏所說小學教育之目的而述其要領於左。

第一　言語爲一切智識之根源。宜使爲不誤之言語。

第二　使以已之意見於口筆間得記述自由之權。

第三　得計算其日用事物之數量。或測量其物之長短廣狹。

第四　使能唱歌。而鼓舞其愛國敬神之念。把持其强固之信仰。

第五　不獨使爲宗教問答已也。亦宜使知宗教上道德上之格言得用之於實地。

第六　使有社會生活上之觀念。因國家之狀態。而通世界之大勢。

第七　使之知得關於地球、太陽、海陸、山川、動植、鑛物等一切之智識。

第八　使健全其身體。有爲社會生活上事業之觀念。

（氏之兒童訓育法）　氏之兒童訓育法。在當時最爲善良。吾人不得不知之一要件也。今舉氏之訓育之目的。述其所定之要領。

凡訓育之目的。不在於責兒童之過失。而在於戒其將來者。則體罰有害無益。

米特兒之畧傳

其教育意見

無論如何過失。除教誨外。不可加其體罰。蓋教育者與被教育者之關係。猶如太陽之與萬物。太陽發光與熱。常照萬物。暖之使遂其成育發達。教育者。常導其受教者之感情。增進其智識。時有風雨之威。以訓誨而戒其受教者。常注意其不道德之行。其怙惡不改者。可因時而令其退校。

第十三章　米特兒之教育意見

米特兒之略傳　其教育意見　初等教育　高等教育

米特兒爲英國之大詩人。以一千六百零八年生於倫敦。自幼年時。通諸國語。及長。學於耿不力其大學。大有所得。其後爲克洛威之秘書官。氏之失樂園。最博重名。占英國文學史上。重要之位置。其教育論之有利益於當時教育改良者不少。若數當時之教育改良家。必推氏爲首屈一指。

（其教育意見）　氏之教育意見曰。完全之教育之目的。在於養成其取公私百般之業務。與以必要之智識。而以處理正確事務之人物。學問之目的。在於認其眞神。而學其眞神。以償吾人始祖之罪。苟確守其德義。誠實其良心。是眞可謂完全之人間乎。

初等教育

氏有見於心意發達之次序。極論當世以受初等教育者之生徒不知其年齡與實學。尚在幼稚時代。而課以獵等之學業者之非。其言曰。學其僅以一二年可修得之臘丁語希臘語。今須七八年之歲月者。何也。因遊戲之時間過多。徒以兒童之腦力費於無益之作詩講演等故也。以如此高尚之學科。積他日學問之功。通其古語。苟其思索推理判斷之諸能力不備者。則無其効。以此學科教授思想幼稚之兒童。殆誤之甚者也。

高等教育

又駁擊高等教育之教授法曰。自簡單而進於複雜者。此次序也。詎今之教授法不然。從始教以困難之論理哲學等無形之學科。使初級生徒能力之尚在幼穉時代者。徒苦其腦。其極遂至於嫌惡之。不幸而半途廢學。則不過有如此之理論上之學問而已。而以無實用上之智論。不過一生爲無賴之徒。適有法律之智識。而不爲辯護之業。徒用其名利。爲官吏者。無社會上活用之學識。德性不修。諂諛奸曲。無所不至。躭心於優遊戲樂。不免爲無用之長物。當時大學中。自不待言。初等學校只研究詩文或形而上學而已。以全力傾注之。而不顧實學。氏欲改良之。倡言實用學術之需要。並用理學、文學。勵其體育。使進而爲國家之干城。退而爲社會之良民。大攻擊當時之學風。

第十四章　陸克之畧傳并其教育意見

陸克畧傳　其教育意見　體育德育　智育　教育法　職工徒弟學校

陸克之略傳

（陸克之略傳）　陸克爲英國有名之實驗哲學者。祖述培根之經驗說。而完成之。以人間之智識。全自經驗而來者。研究觀念之起原。與心地之要素。法國之困取臘克。德國之辟把特。英國之比幽唔。及其他近代之哲學者。此人乃以心理學、而研究於實驗者。常謂心意之健全。在於身體之强壯。大勵體育。意謂雖有如何高尚之智識。若其身體柔弱。是受不完全之教育。而成爲不完全之人。完全之教育者。須體力、智力。皆無過無不足。方可。氏以一千六百三十二年。生於富力斯特洲之扑力頓。自幼入威耶斯特密斯他學校。受普通教育。年二十。始遊於呵克斯

其教育意見

夫兒特大學。有學力優等才識拔群之譽。卒業之後。舉大學教授。講論理學哲學等。後年。傾心醫學。遂營醫業。

氏在呵克斯夫兒特時。爲英國貴族阿希右列公所招。治療其負傷。是即爲氏得將來之幸福之基。氏與公之交情。日漸親密。遂與公同居。於其專門業之外。更託以家庭之教育。因公之庇蔭。時漫游于歐洲大陸。與貴顯紳士交際。所得之利益不少。

一千六百八十二年。氏有故。遁和蘭。留此地者數年。嘗著人智論。一千六百八十七年。完成革命之後。歸英國。以之出版。後三年。又著教育意見一書。公於世。氏之所以從事於教育事業者。全因阿希右列公家庭教育之託。氏自此時期。兼以修養之心理學、與醫學爲基礎。研究教育之學理與實際。而有所發明。其後以一千七百〇四年沒。

（其教育意見）有健全之身體。而後有健全之心意。爲彼教育之大眼目。其言簡。能盡述人生幸福之狀況。曰。若兼有健全之身體。與健全之精神。二者則誠爲完全之人。不必再求之於他。若欠其一。則不免爲廢人。故教育以得此兩者爲其終極之目的。若以教育廣爲解釋之。則可謂有造化人生之力。故凡以幼兒最初之境遇。幷其感化。即可卜其後來者。畢竟因其教育之如何而成爲如何之人物。不可不注意也。幼兒之身體精神。共爲柔弱。恰如草木之萌芽。故受此時機中微細之感化。輒於後來生非常之結果。而不可動移者。故家庭教育爲最要。與兒童教育之貴重。不徒以讀書爲教育之本務。而以造成其適合於時之實際人物爲目的。以下就於氏之意見之重者。略述於左。

體育　氏以健全活潑之心意。在於健全活潑之身體。大注意身體之教育。呼吸新鮮之空氣。爲活潑之運動。與以相當之睡眠時間。與質素之食物。其食時任其兒童食慾之自然。若酒類則嚴禁之。衣服須寬濶。不當緊着於身體頸部與足部。不使之冷。在野外游戲。曝於日光。其靴之皮宜柔輭。須適用於水邊之步行。至其訓育法。有寗失於嚴之意。一言以蔽之。氏欲矯當時放縱、華美、徒逐風流之陋俗。故重嚴格之規律。與質素之衣食。大養成其活潑之風習。

德育　氏以德育爲教育之初期。欲涵養其溫厚謹愼。及善良之動作。極宜使其高尙之性情、與善良之行爲等具備。故自始啟發其兒童之良心。使知名譽之可重。恥辱之可嫌。而養其德性。爲教師及父母者以威嚴爲主。不可用壓制。加以鞭撻而屈服之。宜因其師父之慈愛與道理之宣明而訓育之。

智育　智育全主實利主義。立於社會之表面。以計畫自己之利益。處理財產。營其職業。又與以爲個人及國家良民得盡其義務之智識。以養成其慣熟於社會之事務爲目的。棄虛文之練習（即浮華之修辭學閑雅之詩歌等）。授以於處世上有利益之學科。初教讀書習字。後授圖畫。次教國語。使得活用之。最後教臘丁語、法語、算術。則一日不可缺。地理則練習其記憶力。與目其他授天文學、幾何學、歷史、倫理、民法、商法、物理、簿記、等之學科。

（教育法）教育生徒。須推知其性質與器量。顧如何而後能知其性情。又以何物能開發之。取其天賦之美。而除其惡癖。使其稟賦之美德。而愈至於發達。以拘束其子弟爲無理。而欲使之發達。其不致敗者幾希。故教育者只宜以其天賦之才而以達其可達之度爲目的。教授之時。不可不使之有興味。當日游戲之方法。於不知不識之間而能了解者爲善。

職工徒弟學校

（職工徒弟學校）其教育之目的。在於實用。如技藝之學校。即其一也。蓋彼以此種學校之必需者。專欲貧窮子弟得其生活之道。而救其貧困。又能輕其父母之責任。給與其衣食。集三歲以上十四歲以下之兒童。教以實用之技藝。處世既易。自無困窮。要之氏之所以注意於貧民教育者。不外乎使社會之面目爲之一新也。

第十五章　俠雪尼士晤派之教育

俠雪尼士晤派與教育　兒童教育法　夫烈倫之略傳　其教育意見　教育法　女子教育　落林之略傳　氏之學問論　其管理法

俠雪尼士晤派教育

俠雪尼士晤派欲明正教之眞旨。起眞正之信仰。爲起於舊教以外。而以教育爲其一事業。此派之教育事業。其中以法國之進步爲最大。巴黎近傍破洛雪兒寺。四集此派之教徒。爲教育之中心。

兒童教育法

（兒童教育法）　兒童教育法。爲其所最注意者。至十二歲。教宗教歷史地理算術之初步。其教之也。爲使彼有興味之方法。不稍倦。至十二歲。授正科之學科。定授業與游戲之時間。際於冬季乘風和日溫之時。教師與生徒。共徜徉於野外。且游且教。夏日集生徒於溪畔之樹陰中。講取耶洛、亞里斯度德爾、或講富吃爾貨馬、傅南德之書。其德育則於不知不識之間。使觀教師之行爲談話。及教訓等。而薰陶感化之。國語最重之。使其記憶力與辨識力之發達。其教言語也。示以實物。使其諸能力平均爲之發達。一面又強健其身體。今舉此教派中最著名之教育家。夫列倫及洛林之教育意見。略述於左。

夫列倫之略傳

（甲）　夫列倫之教育意見

氏以女子教育論著名。以一千六百五十一年。生於法國之畢科兒。二十餘歲。管理女學校。三十八歲。始爲路易十四世之孫某王之教師。氏最注意於幼女之教育。其教育法之根據如左。

其教育意見

（其教育意見）　小兒之腦髓。原爲柔軟。而日日赴於堅固者。其心意中未曾有

其教育法

一物。故其所見聞者。不免有新奇之感。腦髓柔軟。感受甚易。故欲利用此性。必使小兒自然以研究事物爲樂。加之兒童腦髓中其溫度高者。其運動亦易。以此小兒之活潑而注意於事物。駸駸乎所以使其智識之進步。故引導此性而應用於教育上。尤爲得其法。故教育法者不可不愉快以說其所教學科之實益。氏曰。教小兒者。宜隨時於種種之游戲中而與以智識。常以溫良喜悅之顏色臨之。絕無倦容。又其所教之學校。必說明其理由。又常謂生徒曰。此固爲汝後來職業之準備也。養彼之判斷力而長其推理力。使知其所學學科之價値。又如歷史、經典等。使熟讀翫味之。自讀書、習字、算術、簿記、及法律政治之大意。以及平語學、文學、音樂、圖畫等、

女子敎育

（女子教育）女子爲構成社會之一半者。當視其教育之良否。自不待言。而於世之盛衰。亦有大關係。處理家政。掌人世日用百般之事務。以助其夫。以教育其子女。爲彼天職。然則女子之心正。與其行直。以勤勉處理世事。爲一家之女主。則家律整然。使一家人得愉快於家庭之內。盡一世之歡樂。若女子在於內。不能以

一家而完全處理之。縱令其男子爲如何完全之人物。安見其能保一家之安全耶。若欲爲婦人任其子女之初步教育。則其教育決不可付之忽諸。若女子無學。而又怠惰時。其志望常易變動。至於徒好奇異。喜虛飾。抱空望。弄小說。好奇談怪說。畢竟迂於世情。拙於交際。其不誤於處世之道者。幾希。不可不以慎重之注意。與嚴密之教訓而教導之。

教育意見

（乙）落林之教育意見

落林以一千六百六十一年生於佛國巴黎。長於修辭學、能辯學。年三十三。舉巴黎大學長。次爲比幽威大學教頭。頗得好評。後辭去。再爲巴黎大學長。　氏之學問論及管理法等。在教育上尤爲有益之議論。

氏之學問論

（氏之學問論）論中論教師之目的。曰。爲教師者。在於使生徒於修學中即慣於鄭重之事務。而養其愛學術之心。幷使之知學問之價值。與其活用。而養成其可當於種種事務之人物。而其心性教育。則在於正心誠意。尊重德義。確實正理。養習慣。除去其不良之偏順心爲最要。

其管理法

（其管理法）

第一　教師之最大義務。在察知兒童之禀性。因其天性而教育之。以禀性不同之兒童而同一模型以教育之。其不可也。自毋論已。而其教之也。以寬嚴得宜。恩威並行。而養成溫良謹直之人爲目的。

第二　鞭撻不可常用。又教師不可遷怒而罰生徒。其鞭之也。出於改生徒之惡。決不可以一人之喜怒。

第三　使小兒勉學。常示其於着實中而又有快樂之目的。又賞讚其善行。奬其德。勵其行。

第四　教師以躬爲模範。以言行爲一致。於子弟之朝夕所見聞者。悉爲其修德上之材料。

第十六章　富老克之略傳並其教育意見

富老克之略傳　氏之意見　小兒教育

富老克之略傳

（富老克之略傳）富老克以設立貧民學校著名。以一千六百六十三年。生於德國之里威不克府。幼時入郭達文科中學校。十六歲時入耶爾勿爾特及屹爾大學。修神學哲學及語學。其後在迺富取徐講神學。廿五歲時建哈孟普兒取之私立小學校。二十九歲時爲哈兒列大學教授。授希臘語及東洋語學。其後見貧民之困苦與無學。大有所感。乃設貧民學校而從事於貧民教育。大施實用教育。又創設教義會都市學校孤兒院等。以二千二百餘人之教員及生徒管理之。

氏之意見

（氏之意見）謂人須直有確實之信仰者。始可謂完全之人。其無之者易陷於種種之不善。倘小兒之信仰心淺弱而帶有不德之種子者。當辨其各人之性質。自根本上而改良之。爲需要之事。故信仰爲對於此病一最好之良藥。無論貴賤貧富。悉可施之。又少年有要散悶而愉快者。宜以身體之運動施之。而使之滿足。至愉快後。一面又宜授以有用之事。及機械之職業。或探究人工之新奇。務得充其望。 氏無論施如何之教育。常以適於實用爲目的。注意於生徒之身分及後來之職業。以理科歷史地理爲第一必須之學科。次使學讀書習字算術等。

小兒教育

（氏之小兒教育） 小兒教育之卓見。與愛憐小兒之厚澤。及其信仰心之眞實。

觀所記於左者可明之。

第一　欲適於神意。且維持必要之風紀。則教師宜先祈於神明。得自身之智識。而教師以耐忍寬容及愛情改良其生徒之惡。

第二　教師常持克己心嚴重以監督學生之風紀。其訓育須溫和懇篤。決不可爲苛酷之處置。又遷怒以罰其生徒者。爲最不可。

第三　以不解之故而誹謗小兒。又以粗暴之稱呼而侮辱小兒者。決不可。

第四　可先洞察其學生之天性。其柔順溫和不可與粗暴倔強者同一而視。

第五　欲避其苛酷。又不免流於寬大之弊。而使之放漫。故不可任小兒之玩弄物。

第六　教訓十五歲以上之學生。不可使苛酷之言。若是則往往生其激怒之恐。宜誘之別室。懇篤訓戒。啓彼之良心而令之悔悟。

第十七章　盧騷之略傳并其教育意見

盧騷之略傳　其意見（耶米爾）第一期　第二期　第三期

女子教育

（盧騷之略傳）盧騷以一千七百十二年生於瑞西耿夫一微賤鐘錶匠之家。幼失母。專受父之教育。自幼好讀書。殊好小說稗史。後年著懺悔錄。錄當時之狀曰。余幼時無所事事。惟好讀書。讀之日益加多。所觸於目者。推讀不能破是恐。故讀一卷。自始即望其終篇。遂徹夜不寐。不知凡若干次。後有故。父徃耿夫。遂以氏託於叔父。入寺院受教育。二年爲辯護士之書記。次爲銅販師之弟子。以品行不修。恐其譴責。出犇耿夫。彷徨於四方。屢遭飢渴。僅受僧侶之救助。不致餓死。因其僧侶之介紹。寄食於華凌斯一夫人之家。留此夫人家者數年。復辭此家去。又失敗。再來歸。受其保護。自此悔其從來之怠惰。專傾心學問。以天資聰敏。進步神速。忽爲力雍之家庭教師。後爲意大利法國公使館之書記生。又以品行不修。免歸巴里。尙淫逸不悛。通一女子。舉五子。一千七百五十年。歸鄉里耿夫。大悔前非。欲得良民之權利。六年。又赴巴黎從事著述。此即氏揚其名於天下後世之基礎也。彼所作之耶米爾及民約論。即此時之著作也。大引世人之注目。而觸政府之諱

其意見

忌。追放法國。受普魯西王甫利特力喜第二世之召。赴之途中在斯臘斯補兒喜見蘇蘭之一哲學者。乃辭普王之召。赴蘇國後。再歸法國。一千七百七十年。歸巴黎。居八年卒然而死。　氏銳於感情。雖一物不知者。而一物無所不感。　氏雖受系統教育。而思想豐富。識見遠大。出名論卓說不少。其最有名者。第一、爲齊齊勇大學之懸賞文之「學術技藝之進步爲泯亂乎又抑使之醇良乎」第二、爲懸賞文「人間社會不平均之原因」。第三、爲「一千七百六十年所著之民約論」。銳意推論社會顚覆之原因。謂自然之人間。其幸福原屬同權。凡制憲法。設政府。一出於社會之契約。不過爲保護一般之利益所設。則人民有改廢之自由」。遂以此說爲歐洲民權發達與社會改革之一大原因。第四、即爲「一種之教育說」

（其意見）　氏以人性元無邪惡。其有邪惡者。因感染社會之汚風。自然之勢力。常爲公正純良。而無毀損其人性。從於其教育自然之理法。使生長於自然界。而適合於自然之所要求。宜避社會之風潮。而防其精神之汚染。抗社會之諸勢力。使自然啓發其諸能力。分其兒童之發達期爲三期。思以級進之教育爲工夫而適于其諸能力發育上自然之要求。其教育方法包含有卓越之情操與高大之眞理。蓋當時法國爲全歐文明之中心。浮薄爲俗。信義掃地。人爲之勢力。達其極端。至教育法全陷於人工之弊。絕不以自然之理法而教育之。以自然爲人間教育之大主義。出於氏之意見者。不在於一時之議論。又不單在於實踐之教育。論廣述教育之全體。就於心理之發達與道德之鍛鍊。分解人間之自然性。

氏所著之耶米爾

（氏所著之耶米爾）氏所著之耶米爾於一千七百六十二年出版。其改革教育之勢力傳播於歐洲各國。德國尤被非常之影響。蓋氏之意見。決非出於突然者。以孟德紐及陸克之意見爲基礎。以此爲氏之達論。爲當時最有力之一議論。當此時法國議會以節斯依特派。反破壞從來之古舊格式。當萬事改革之氣運。即教育上亦望其一大刷新。耶米爾爲世所歡迎。忽然而爲改革之原動力。蓋其書嶄新卓落。或以寓言出之。加以諷刺。或爲小說。或爲論文。以自然說一貫其全編。示其教育上一切之組織。今概舉耶米爾教育法於左。

第一期

第一期爲耶米爾最初之二卷。自耶米爾之生。至於十二歲間之記事也。抑耶米

第二期

爾父母俱不存。其教育不過聽其自然而已。然則宜自然使得其本分。曰。自然之所欲。使一任於兒童之自由。其四肢軀體之自然活動。毋得障碍之。又宜圖身體之鍛鍊。平素慣於艱苦。使知處世之道。以養強壯之身體。若心意之教育。宜與身體之教育均一。任於兒童之所欲。使惟在於自然之境遇。而就於可以發明之道。然則智力之教育雖禁之。而感覺爲諸能力中之發現於最初者。且能成熟。專於實物與國語中使修練之。愛幼者之資質。而熱心於快樂。至於兒童知生存之快樂。務獎勵之。一任其所欲。

（第二期）耶米爾十二歲至於十五歲。爲可施其智育之時機。欲爲聰明睿智而爲有實用之人。其學科亦撰其可養成其可爲實用者之智識。以世界爲教授之材料。教自然科學。如星學。其第一者也。其次則爲地理學、古文、歷史等。禁使用洛比遜科遜外之書籍。蓄漂流記。以小說之體裁。論自然教育。其耶米爾如洛比遜。不賴於社會。推求諸已而已。其教授法爲示以適當之實物。使兒童之知覺。徐轉移其內界之觀念。雖未知文學技藝之爲何物。而商工業或農業。亦使學之。若

第三期

遭不幸而失其資産時有必救其急之覺悟。至其齡已及於十五歲。爲看破事物之臧否。得日用必須之智識。計較其正當之價値。養其愛眞理之風。現在之智識雖少。使將來有可收得之能力。體育亦重之。使用其精神。與用其身體。相補相助。爲敎育之大要點。

（第三期）爲德育之時期。自十五歲至於廿歲。爲情操之發育。與德性之涵養。及宗敎心之訓練是也。蓋耶米爾十五年間。無父母。無良友。全爲孤獨之生活。乏於親愛之感情。今當熱情可發之時期。授讀書習字。敎算數。圖啓發之欲源。於慈惠之感情。而養其善惡之觀念。自敎育體系。以此二情感染於耶米爾。其言曰。耶米爾遂不得不入於道德之本領。若道德之本領在此者。則我心之端緒。基於感情之端緒。善惡之發生。出於愛憎。所謂正與善者。不獨爲智力所想見之無形之言詞。倘欲言理性所證明之精神之眞實感動。蓋盧騷以實際德性與感情同視。其道德論全爲感情之倫理論。而宗敎之敎育至十六歲或十八歲禁之。使兒童之理性。十分發達。以觀察天地自然之現象。

女子教育

耶米爾之第五卷論女子教育。謂女子倘全依賴男子者。則其教育當教以順其男子。利其男子。爲男子所愛。養育其幼者。保護其老者。而整理一家內部之完美方法。吾人思乎盧騷者。自耶米爾以二十年間之生活。判然分爲三時期。而自然以唯一之主義貫之。固不可謂完美之教育。蓋使兒童於各時期。幷身體、智力、德性、三者。而從事於身體之鍛鍊。與實用之智識。以及德性之涵養。決不可傾於一端故也。然耶米爾自盧騷時代之狀況。及全體之精神觀之。有古今無比之勢力。氏之教育意見。於法國之教育界。雖不見諸實行。而其契約論則應用於政治界。遂爲法國革命之原動力。其自然說。於德國教育界。特自把雪特爾之博愛主義實行之。益奏善美之結果。以圖教育之改革。

第十八章　把雪特爾之略傳幷其教育意見

仁德學派　把雪特爾之略傳　氏之意見　其教授法

仁德學派

第十八世紀之末。採用陸克及盧騷之教育意見。由是有以科面紐斯之教育法而應用於實際者。稱之曰仁德學派。此派起於德國。德國從來之教育。專取兒童

把雪特爾之略傳

壓抑屈服之謂此即爲從順。不知使其樂於修學。故其教授。大損其自然之天理。自十八世紀之後半。乃於教育事業生一大改革。教育基於人生之眞理。不可不據於自然之天理。蓋爲此改革者爲法之盧騷。其所著耶米爾與有力焉。今以此改革者中第一流人物所稱爲把雪特爾者。畧記於左。

把雪特爾之略傳　把雪特爾以一千七百二十三年生於哈晤補兒喜。年少時。受家庭之壓制教育。乃去而之火爾斯他依丹州一醫士之家。醫士知把雪特爾之有天才。而告於其父。又促把雪特爾歸家。於是氏入把特之文科中學校。卒業後。游臘依補取喜大學。雖修神學。然氏以非其所好。而研究他學。卒業後。爲家庭教師。次爲典晤馬克國聘爲兵學校倫理學教師。氏以與基督教意見不合。免其職業。由是決然定志。以一身傾注於教育事業。而新其舊時之教育法。然其後不久。即得實行其意見之機會。爲典瑣侯所招。一千七百七十四年設立師範學校。其法則總以去宗教上之禮式。及純粹之信神、仁德、醇良之風俗爲重。與從來之學校。全異其法度。世論囂囂。多有論議。以非難之者。氏不得已辭去之住田舍中。

氏之意見

以卒其歲。於一千七百九十年病沒。

（氏之意見）敎育之目的。在於養成靈敏之人物。構造完全之世界。而剏立眞正之極樂社會。而關於德育上家敎上者。畧與盧騷同。取自然敎育主義。守正道。持良心。行義務。即能信神而得爲道德上之人物。體育之意見。亦與盧騷同。防身體之柔弱。而鞏固之。使之發育。不用幼兒之臥籠襁褓。常用冷水浴硬床。與以淡泊之食物。及寬濶之衣服。又以活潑之運動爲重。課其體操。無稍間斷。以鍛練其身體。

敎授法

其管理法與從來苛酷之法相反。以柔和親愛爲旨。使兒童在學校中有愉快之意。使於學問中深覺其有趣味。無稍束縛。以啓其名譽心與奮發心爲務。

其敎授法。宜最用意使兒童樂於修學。今舉其敎授法之要目於左。

第一　不可使之苦於學。惟使之樂於學。

第二　不可使之過於多。須自易而進於難。

第三　小學校立人間一生之基礎。不可不使之毫無缺點。

第四　先以實物目擊之。然後使學言語。

氏之所以使生徒愉快之主義。或以菓物造成臘丁文字形。使兒童食之。或刻文字於牙簡使兒童持弄之。其教授之時間不得超過半時間。其他之一半用唱歌體操或游戲。暗誦之法則全禁之。

第十九章　康德之畧傳并其教育意見

康德之略傳　氏之意見　教育之主義　看護　訓練　教授　身體的教育　諸能力一般之發達　諸能力特別之發達　所關於教育之意見　氏之教授法

（康德之略傳）康德者。以一千七百二十四年。生於德國之克耶尼喜斯補兒。喜爲有名之哲學者。實於世界之思想界。爲空前絕後之人物。其名著純粹理性批判中包有千古嶄新之思想。若欲强而名之。其殆富臘特之共和政治論。亞里斯度德之形上學。斯畢洛之倫理學。及典加爾特哲學原理乎。至其與所有思想家。以遠大幽邃眞理之分量。及種種之新力。竟無有可比之者。其學爲折衷主義。

關於智識之實體者。折衷於臘夫尼稚及披幽謨之說。關於智識之起源者。斟酌於陸克及臘夫尼稚說。關於外實體之實在者。折衷於典加爾特及利特等之說。自哲學上論究教育之學說。其家元出於蘇國。父爲馬鞍商。家劇貧。氏欲爲宗教家。從神學者受中等教育。一千七百四十年。入其地之大學。學哲學數學及神學。哲學其尤好者也。其進步非常可觀。得教授之信用。氏以爲卒業後爲私教授。得貲可以補其研究學費之不足。而研究自己所好之哲學。不幸於卒業後。即丁父艱。不得已一千七百四十六年。爲家庭教師。以九年之力從事於此。至一千七百五十五年。始有得爲鄉里大學中私教授一資格。講數學、物理學、論理學、形上學、倫理學。二年後。加自然地理學。後三年。加自然神學及人類學。先是氏讀廬騷書。感其所說。又於少時寺院教育經驗及爲家庭教師之智識與自巳哲學上之智識。以研究教育學。於一千七百七十年。任論理學及哲學之教授。至一千七百九十七年。以年老就衰。辭其職。一千七百八十一年。以所著純粹理性批判。公於世。六年之後。漸有知其爲非凡之形而上學者。其後氏之講堂。幾無立錐之地。此後以所著之實踐理性批判倫理學及斷定之批判公於世。辭職後。常爲哲理之研究不怠。一千八百四年死。年八十。

氏自幼受神學家嚴格之教育。性嚴格莊重。富有獨立之氣慨。其舉動常有一定之法。平生守一定之目的。毫無不德之行。惟沈於貧窮。晚近十二三年間。常困於衣食之時。至六十六歲。尙無搆一家室之資力。不能娶妻。以鰥終其身。平生用心於哲理之研究。以爲無上之樂。常不知倦。至六十六七歲時。借一小屋爲居宅。起居飲食常有定時。十年無一次。後於講義之時間者。嘗旅行於洲外者一次。僅散步於近鄉之庭園。時以爲罕見云。生時身體羸弱。常閉居於一室之內。勉强學問。而又運動其身體、使之活潑。節飲食。練體操。始不罹於疾病。然其風采如患病者。口舌訥辯。聽講者頗爲困難。惟其思想脫俗。有自然氣象。絕無虛飾。大爲諸生所稱揚云。　氏天性長於語學之才。能臘丁文。又通英法語。其文章甚拙佶倔難解。雖其生涯貧困。而一介不取諸人。其爲私教授時。僅有薄俸。他之大學屢有非常之優遇。欲聘之。彼絕不爲之動色。有萬鐘勿顧。千駟勿視之操。十四五年間。

氏之意見

在私教授之地。漸舉爲教授。其名聲聞於四方。於是四方有名之大學。來招氏往者。不少。而毫不顧之。在職前後四十二三年間。殆如一日。日出入於自巳之講義室。感化生徒不少。吾不知世之不德學者。因於地位之高下。俸給之多寡。輕其職。轉其任地。而毫不顧之者。其對於氏。亦少有所恥乎。夫康德者。眞有學者之本領者也。

（氏之意見）人有教育。然後成爲完全之人。若無教育。其形體雖成爲人。而其實不成人格。質則不能稱之爲人。人之形體。雖不以所關教育者爲主。而其爲人之實質。乃自教育成之。故人也者。實以教育爲其天賦之性之一生物也。然則以今世之人而教後世之人。其教育之目的。不當以今世爲目的。必以養成比今世高等之人材爲目的。故先輩（成年者）之教育後進。（未成年者）必使之比己爲高一等之人人也者。賦性有可以發達之種子。人之幼稚時。以此種子亦在幼稚而培養之。發育之。遂至於完全無缺。此教育家之責任。最所以爲高尚之事業也。

教育者所以完全其爲人者也。然此之所謂完全。果有如何之意乎。倘謂此完全之意義不明瞭。則教育之眞意亦不明瞭。此之所謂完全旣不能說明之。由是而教育之眞義。亦非易得而說明之。蓋教育實經數世始達於完全。固非發達於一時者。前人之經驗。後人受之。自其自己之經驗。加多少之改良進步。以惠與其後人。每一時代。傳其前時代之經驗。次第如此。漸近於眞完全。而教育之眞意。亦可解釋之。然達於其完全。其前途甚爲遙遠。余輩尙未能分解釋之。

教育旣能完全其爲人。宏其量。又足以爲完全一世界之一大祕訣。以是之故。其教育之次第發達者。其爲人亦益發達。而進於完全之域。終其極。遂得完全一世界。由是觀之。圖教育之發達者。豈非最高尙之一科學乎。此科學雖甚爲困難。然非難也。試觀世界之歷史。以今日之狀態。比之昔日。旣大有發達之處。若趁此勢。而又次第進步。遂以此世界而進於完全之域。此必然之理也。然則研究教育。其困難自不誤。然不可因其困難。而放棄之。而此研究終極之目的。在於理想。理想者。爲社會之經驗上難得之高尙之思想者也。夫以今日之人。猶未達其爲人之眞目的也。即以此教育之未十分發達。故若發見其教育之眞理。由此以教育其人。則各人之智識。皆爲平等。其生活亦能至於平等。夫所謂世之完全者。無他。乃以所有之人之能力。皆無差別。皆爲平等。而爲其發達有平等之智識。然後能有平等之幸福與快樂。然人間之能力智識幸福。皆差別皆不平等。則不謂之完全世界乎。苟能發見教育之眞理。因此以教育其人。可使之盡爲平等之發達。今人各自異其智識能力幸福之度。則人之爲人。存於此世。不能謂達其爲人之眞目的也。故必奮勉於教育。以之爲科學而研究之。以發見其眞理。至於子孫。皆繼續之。無論何時之世。必有達於其眞理之一日。使世界完全。人人皆得平等之生活者。爲發見教育眞正之理論。可依此以教育之。　教育云者。使人所賦有之種子之發育。若一技術然。然其實教育云者。爲一最高尙之技術。有二種之起因。一、爲器械者。一、爲理論者。其器械者。一言以蔽之。惟爲其一時間之教育。不注目於原因結果之關係。惟以目前之幸福爲目的。元無一定之主義。又無其目的。故其智識不可與於後世。惟止於其一時而已。於後人之教育。無甚益處。若理論的之研究。必有一定之主義。與一定之目的。而其教育之結果。亦不止於一時。而爲後世之模範。後人以此爲基本。可再加以研究。

教育之主義。非國家主義。非社會主義。又非個人主義。而爲宇宙主義。即離其所謂一國家、一社會、一個人、之觀念。以世界所有之人。而教育於完全。總爲其平等之生活。

教育之主眼

其爲教育之本務。第一使人品行方正溫良從順。第二與以智識。而圖能力之發達。第三使社會中爲有用之人物。第四使爲實行其道德之善人。而使爲道德之人物者。即爲教育主眼者之一目的也。因欲達是等之目的。乃以教育之方法。分爲看護與教育之二種。又於教育中。更分爲訓練與教授之二種。

看護

第一看護。初生之子。其柔弱者。若不常保護之。則不能保其片時之生存。其稍長也。亦不能全廢其保護。若禽獸然。其生來自然具有普通之能力。以得保其生存。譬如與以食物時。自然食之。又知適宜其分量。若與以毒物。彼決不觸之。而避其危險。寒暑之侵凌。毋論已。其一身維持保存之道。無不自知之。若人則不然。自飲

訓練　教授

食寒暑之細事。至於其他維持一身所必要之事物。初無一能自辨之者。譬之與兒童以毒物。彼固不知其爲毒物。若禽獸則有能自避之能力。人以無此能力。除依於理性以避之之外。更無他道。然理性非以一人而自爲其發達者。必不可不自他發達之。且理性在幼時不能使之全然發達。何也。理性者。於人之幼時無可發達之之性質故也。故人之幼時。常自看守保護之。以代其不完全之理性。以全其一身之維持生存。而謂之爲看護。

第二、訓練。人之幼時。其心不定。無秩序。自然流於粗暴。勢必至於怠慢。宜制此怠慢。矯其粗暴。而訓練之。使之溫良。而以此怠慢粗暴抑制之。矯正之。在於一定之規律。規律與粗暴常不相容。其粗暴者。故不可不以規律矯正之。若人之元爲溫良者。又何須此規律乎。凡人之欲滿足其怠慢之心。即出於好其自由。令不可不訓練之。而抑此自由。使兒童於人間萬事。一切皆不自由。於不知不識之間。自然除其本來之怠慢粗暴之性。故訓練者。乃與以規律之制裁者也。

第三、教授。人苟不與以智識。則其天賦之種子。不能生育發達天賦之種子。

身體的教育

實可謂智識之材料。萌芽之成長之而結爲有用之實。倘不授其智識。天賦種子之未萌芽而不使其幼稚之能力十分發達之。則人無爲人之價値。何以自異於動物耶。天賦之能力不發達。則其理性不發達。理性不發達。即不能爲社會中有用之人物。而其意志與行爲。所以異於禽獸者幾希矣。人之所以爲人者實在於此理性。故使此理性之發達。而教授其必要之智識。爲教育上之一大事業。若智識之不教授。則不能見人之進步發達。昔日之野蠻人進而爲今日之文明人者。即因其有智識之教授。故無智識之教授者。不能達其教育之精神、分教育爲身體教育、實際教育之二。所謂身體教育與身體之教育。教育其精力之諸能力。所謂實際之教育者。爲關於道德實踐之教育。即謂完全其熟達、才智、德行、之三者。

第一　身體教育

幼兒之身體。使其自然發達。雖其步行運動。毫不藉助。可任其幼兒自爲之。至於稍長。若不好游戲。而閑居於一室。則宜誘之使之運動於戶外。又奬勵亞五官之

精神教育

練習。因其力量之生長而次第勸其爲競走、投石、角力、飛蠅等之活潑運動。且不可不使之體操而大獎勵之。若圖精神之完全發育。則不外乎先使其身體之完全發育。

分精神之教育爲自由教練與抑制教練二種。 自由教練者。在游戲中有意無意之間。抑制教練者。於一定之時間內守其所定之規則而從事以訓練其心。自由教練。即應用於游戲。教練其心者。雖不可不終始注意於兒童之所爲。而抑制教練。則於一時間中不可爲其事以規定之。於其時間內觀察其兒童。即足自由教練爲切要者。爲發達其判斷力。及理解力者。記憶力亦次之。以圖諸能力之發達。

一諸能力一般之發達。

二諸能力特殊之發達。

諸能力一般之發達

（諸能力一般之發達）以使同一之諸能力完全發達。又使用之完全爲目的。有如何得取其職業之能力者之人物。而分爲身體、道德之二種。身體者。在於

諸能力特殊之發達

實際的教育

發育諸能力而使用之練習之。所謂屬於諸能力之練習者。不使兒童之自爲進。而以命令使之。爲全爲受動者。若道德之發達。則使其存於兒童之精神者之道義觀念。益發達之。自此而諸般之行爲。全爲自動者。爲善爲其可行者之義務。苟從於此義務。即所以養成其爲善之心也。

（諸能力特殊之發達）諸能力特殊之發達。以發達其想像力、記憶力、注意力、理解力、判斷力、等爲目的。此外猶使其理性發達。以爲探究其事物之原因結果者之助。而使是等之諸能力發達。第一使兒童起一希望。在於達其希望。此外養成其愛憎之念。不可不養其惡惡好善之觀念。而養成其道義觀念。在於先作其兒童之品性。第一作從順之習慣。第二養成其誠實心。第三付以親睦心。第四持其公明心。

第二　實際教育

實際教育。以關於道德之實踐者之教育爲主。第一熟達於事物而爲其利巧。第二有關於世事之智。第三使爲德行家等是也。第一使通熟於事物。使兒

其宗教上之意見

童於凡百事物。自其根底而理解之。而適用於其智識之實際。毫無缺點。使之咀嚼了解。第二、所謂關於世事之才智者。以其既理解之智識。可應用於世事之技術。換言之。則爲處世上之才智。第三、使之爲德行家。以制自己之嗜慾。而養其同情之心爲主。而敎以尊重自己之義務。與尊重他人之義務。於德性之涵養。最爲重大。且其所謂自重之義務者。在極力制己之嗜慾。而不失其人之所以爲人之價値。不可耽於情慾。陷於邪惡。若爲惡事吐妄言。而有觸於社會之制裁。是不獨非所以重己。反足以輕己。蓋制己之身。是即所以重己之身也。又尊敬他人之義務。亦與尊敬巳身之義務相仝。以他人亦有尊重巳身之義務。尊敬他人者。可以得他人之尊敬。因彼亦有其義務也。對於自巳之義務心。可以養不羈獨立之精神。對於他人之義務心。不以耻辱與於他人。乃可爲道德實踐之人物。

（其宗敎上之意見）使兒童有宗敎上之思想與信仰。在敎育上尤爲必要。宜使兒童知天地萬物之秩序整然。毫不亂者。又宜使之知萬物有如何之目的。而存决此世。與萬物之對於吾人。有如何之關係。進而使知此世界之宏大。又使之

氏之教授法

知創造此天地萬物。且爲秩然之狀態而主宰之者。有全智全能之神。抑宗教者。爲蓄於吾人腦質中之天則。換言之。則應用其神之智識一種之倫理學也。若不結合宗教與道德。則宗教竟無所用。故教其宗教於兒童。不可不先自其腦質中之天則爲始。此天則一謂之明智。明智者適合於自己行爲之天則之指導者。人若不以己爲神之代表者。則其天賦之天則。全無效能。若不於宗教而附和以道德。亦爲無效。世人不察。漫然稱頌神之功德。而不顧自行之行爲如何。其所盡宗教上之義務。爲誤信者不少。其所謂兒童使知宗教上之事者。不過教以形式而已。恐不免有陷於迷信者。然則苟敬神信神。其必爲其不背於神意之所爲乎。且神爲人間之主宰者。而爲其保護者。有不可不尊敬之之理。宜結合其神之觀念。與人間之義務觀念。使兒童理解之。然不可使兒童排斥他之宗教。

（氏之教授法） 事物之教授。於兒童者。當應其年齡。并不可不應於心理發達之程度而施之。教育使其出於自然。而不加以人爲。使兒童自然能研究事物而理解之。不可自外部助長之。兒童固不宜壓制。每事尤不可逆其意。氏喜梭格臘的之間答法。常用此法以發達其理性。區別其講義法、問答法、發問教法、之三目。而論說之。

第二十章　丕斯他洛取之略傳並其教育意見

丕斯他洛取之略傳　氏之意見　其要旨　氏之教授法　其行於日本之意見

丕斯他洛取之略傳

（丕斯他洛取之略傳）丕斯他洛取有感於盧騷之所說。而崛起於瑞西。爲教育家。愛其國民。以一身爲兒童之犧牲。其先天爲教育家之資性。眞不愧爲教育大家。其數十年之久。委其身於兒童教育。雖其間因戰亂受他國人之妨害。破壞其校舍。然氏不屈不撓。不顧其家資貧困。或集合孤兒。或以衣食施與之。以臥病呻吟之身。而不厭其教授之勞。排萬事以從事於其天賦之教育事業。曰事若不成。死而後已。以教育之故。雖赴湯蹈火。亦所不辭。其力實足以驅歐洲文明進步之氣運使之轉一新方向。

氏以千七百四十六年生於瑞西之秋力丕。六歲之時。失怙而爲母所撫養。身體柔弱。無敢爲之氣象。與其思慮反者。寧爲不易動其感情之性質。朋友嘲其痴愚。或使役之。而毫無所抵抗。獨居空想。長入文學院。養成政治思想與革命心。又憐窮民之不幸。誓救治社會中之害惡。奮然興起。自以儉約爲旨。制其慾望。用粗衣粗食。逍遙於野外之風光。以爲無上之樂。每年乘其休業時。移於祖父之家。而避其俗塵。以爲常。年二十二。有志神學。次修法律。皆無成。其後從事農業。又失利。殆至於傾其資產。氏於此起一大決心。於自已之農場。設一貧兒養育院。是即氏於三十年之時。而爲從事於將來教育之階梯也。其教育以勞働而正其秩序。多教國語。唱歌。及聖經。養成其道德心。計其衣食居處之改良。重農作以施實業教育。氏大熱心於此業。以兒童之頑迷。與父兄之不義。以氏之新衣攜之而遁走者不少。氏之財產。由是愈告窮乏。彼之朋友。有見其熱心之極。足害其身。而爲忠告之言者。氏答之曰。予三十年間之生活。即爲與貧困之戰爭。當正午最下等之貧民。尚向於食卓之時。予猶彷徨於路頭。吃一片之麵包。是皆爲貧民。故爲予抛其赤心。以實行予之主義之基礎。予之實行予之主義者。實非起於一朝一夕。不用之。

遂不能維持貧兒院。棄之。以著作供其衣食。十八年間。著隱者之晚年。凌哈兒特及克哈兒特等之教育小說。後於一千七百九十八年。在瑞西之斯倫稚府。爲法兵所燒。無辜之人民。失其家。多數之孤兒。號泣於路側。惻隱之心難禁。決然赴之。貸其寺院。設孤兒院。以八十餘名之孤兒而養育教導之。乃開實行其主義之端緒。氏集無智蒙昧之孤兒於斯倫稚之孤兒院。移植家族生活之狀態。以父之慈愛而教養之。特啓發孤兒之情操。其良心盡爲發達。有非常之成績。特注入其秩序心與美術思想。高尚其志與情。至明年。孤兒院再掠於法兵。氏涕泣辭去。赴勃達爾勃。爲小學教師。氏之簡單善良之教授法。反爲他之教員所妬。謂其不通、算術讀書等之教授。一千八百四年。辭去。在依福兒丁。起其學校。實行自己獨得之教授法。遂奏未曾有之大功。其名轟於全歐。各國之教育者。爭先恐後。來學氏之教育法。各國政府。以男女之教師來留學於此。而使氏之教育法輸入於己國。王侯將相。皆行其敬禮。然當時之教育。尚未進步。且其教授法若機械然。無有規律。體罰常用之。氏之特異之教育法。與一切教育法不同。由是教育社會之攻擊甚

氏之意見

盛。其學校亦漸至於衰微。一千八百二十四年再歸洛貨勃越三年。二月。病死。

（氏之意見） 氏以爲國民欲獨立自營其幸福之生活。則不可不計其身體及精神完全之發達。教育爲計其身心發達者之大主眼。先教爲人之道。次授國民必要之智識。其中最用力在於知爲人之道。畢竟在於以道德之精神。及宗教之感情而養成一大人物教育。

以其方法之原理而搜索人間之本性。曰。有可發育人間本性之萌芽者之有機物而感動不止。其自爲發達者。始於五官之感覺。而搆成其印象於內界之智識。爲教育之基礎者。在於使生徒自爲觀察。自爲經驗。使爲收得眞正之智識之本。若反之使生徒止有空虛之言語上之智識。故先實物而後言語。凡自經驗所觀察者。爲眞正之智識。能印象於思想界。以言語文字說明之。得爲記載。得智識之次序。自近及遠。自已知及於未知。蓋氏乏於無形之觀念。不能以自己之主義。於無形中表出。茲就於勿希幽兒氏之教育體系。舉其教育上之綱目。以示其要旨於左。

其要旨

第一　修練其心意者。順於自然之發達。毋徒使之擴博散漫。宜使之組織融化。故不可徒使其原料充足而足意。
第二　以諸學科與言語相連絡。
第三　與生徒以根本之智識。而擇其可爲心意之基礎者。而供於百般之動作。
第四　避其學科之煩雜。而簡單其教授法。
第五　以理學爲普通實用者。

又目兒夫氏所示之要目如左。

第一　直覺作用者。爲教授法之根本。
第二　國語與直覺作用。不可不相隨。
第三　學習之時期。非判斷及批評之時期。
第四　諸學科之教授。自簡而精。由易而難。因其心理發達之順序。而從於自然發育之順序以教授之。

第五　兒童所特有之個人性。決不可害之。

第六　爲兒童教育之主者之目的。不在於智識藝能。而在於啓發其天賦之諸能力。

第七　不可不於靈智與以活力。使於理論上之智識。爲實踐之練習。

第八　師弟之間。不可不基於愛。

第九　教授不可屬於教育之目的。

（氏之教授法）氏之教授法。自人間心意自然發育之順序。以直覺作用爲基礎。其法能奏其功。生徒巧熟於圖畫與暗算。又置唱歌體操於主要之地位。博物學於科外亦課之。而於緩步散策之間。使演習之。凡與以智識者。皆使之目擊有形物。從此而起正當之觀念。使表出之於言語。氏曰。吾人不必讀許多之書籍。須以各事物而實驗研究之。今約言氏之教授法以表示其一般。

第一　兒童學讀書。不可不先知其說明法。

第二　先於習字之教授。而先教以圖畫。習字則初於石板上爲之。

其行於日本者之意見

第三　國語之研究。從於自然之進步。先名詞。次形容詞。最後教以命題。

策四　算術初以實物爲單位。即少者亦使用所畫於黑板上之諸線而敎之。因欲使其得數之觀念。常以數爲諸線或實物之集合體。使思慮數之標識。教師常使用一小卓區劃數多之平方法。以表示諸點。而供其教加減乘除之用。

第五　不使用書籍與習字帖。又不暗記何物。課其紙細工及體操等。而使之連結其身體之習練與心意之勞働。每日最後之一時間。一任其隨意之勞働。使各自習練其生活上之勞働。

（其行於日本者之意見）氏之教育主義。距今十六七年前。時輸入於我國。爾來以奔河之勢。忽蔓延於天下。一時極其旺盛。其所行之主義。所謂開發之教授法者。於洗幽兒吞之小學校教授術所述者。殆同其要領。今更以其要領畧記於左。

第一　活發爲兒童之天性。使慣於動作。使習練其手腕。

第二　從於自然之順序。使發育其諸能力。先作其心。後與之物。

第三　先自五官之教養起。使兒童自發見之。

第四　各學科總自其初步起。不可於一時中而授以多之智識。

第五　不在於盡教師之能教者而止。而在於教其兒童之能學者而止。

第六　教授總不可無直接或間接之目的。

第七　先有其觀念。而後與以名稱。使修練其言語。

第八　自已知入於未知。自有形入於無形。自易而難。由粗而精。

第九　先總合而後分解之。不從於學科之次序。而從於自然之次序。

吾人今述氏之畧傳意見及教授法等。而未足以盡氏之長也。氏固非教育學者。乃爲恤其貧民子弟。而因於慈愛之熱情。感奮興起。而爲實地之教育家。夫其識見不足觀者。其名聲亦必不高。氏既愛恤兒童。又能知下民之慘狀。不以其身棲息於瑞西之山水。貧民孤兒之不幸。而奪其心。於教育中抱其改良社會之大目的。然遭遇種種之不幸。不能達其希望。氏不爲其不遇而短其氣。竟使其功績之不止於半途。終得於後年革新德國之教育社會。一變其當時不完全之教授法。德國哲學家富依喜典德國之革新實淵源於不斯他洛取之學校云。然其意見并不止行於德國直波及於歐美諸國。遂遠至於我日本。

第二十一章　哈別兒之略傳並其教育意見

哈別兒之略傳　氏之意見　教育之目的　誠意　完全　好義　正義　報償　教育之方法　教導　教授　訓練

（哈別兒之略傳）哈別兒爲德國近世之一哲學家而立於富依喜典之主觀唯心說。希幽凌克之客觀唯心說。及哈格爾之絕對唯心說之間。又祖述康德覆檢主觀之經驗說而爲其批評。使屹然獨立於數學中所經驗心理學之原理思想。實胚胎於康德之形而上學思想。其倫理學思想則自康德之審美學思想所流出者。氏本其心理說與倫理說。追想面紐斯不斯他洛取及康德之教育思想。立一新教育學說。以此組織一科學。完全之然其教育學基於其倫理學。決定教育之目的。因其心理學論定教育之基礎方法。於教育史上立一新時期。氏以一千七百七十六年生於呵爾典別爾喜。父爲其地之參事官。嚴厲之中。又極誠實。母以賢淑聞。高尙之婦人也。哈別兒幼時。在兩親膝下。受嚴格之家庭教育。幼時身體羸弱。聘拔特兒烏兒稚音教師於家。受小學教育。哈別兒幼有非常之才智。以神童名。長於理解力。記憶力亦甚强。十歲時。好博物學、物理學、化學、及數學。雖其游戲之際。亦常應用數理。一千七百八十八年。十三歲。入其地之文科中學校。於臘丁語有所得。又好哲學之學科。愛讀呵兒夫及康德之哲學書。十五歲時有

人間道德上之自由

題之論文。十八歲之時草

國家道德之盛衰源因論

其十九歲時卒業。論文以雪洛爾及康德所謂至高之普及。其論理學原理之意見。而比較論難之。以臘丁語草之。得教師之稱讚。

一千七百九十四年。哈別爾十九歲。游耶那大學。修哲學。聽夫依喜的之講義。初慕夫依喜的。氏自中學時代。即熱心聽其講義。後次第漸有疑於夫依喜的之說。

就其獨得之智識論。指摘其不完全之點。而批評之草一文。呈於夫依喜的。至二十一歲時爲當時唯心論派中之最有價値者。就所不尊奉之希幽力克之說爲文論之。呈於夫依喜的以明其缺點。自是哈別爾益不感服夫依喜的之說。遂斷然與夫依喜的異其哲學上之見解。其後氏不聽其講義。爲獨立之研究。遂知夫依喜的淺薄不足學。卒業前辭耶那大學。爲教育之實地經驗。乃去而之丕爾府。

一千七百九十七年哈兒特往丕爾府之依典臘格爾爲該地一豪族紛斯泰格爾之家庭教師。敎其兒童三人。氏因圖其敎育法之進步。每二月列一成績表。以考兒童發達之順序。於實際上調查教育法之價値經驗中積其經驗。於改正中又加其改正。有銳意改良教育法之苦心。哈兒特留此家者三年。以母病辭歸。氏以此三年中之實地經驗。與獨力研究之結果。致其敎育上之思想大爲發達。其在此時所著書之足重者如左。

自覺力之原理

所稱爲心理書者。實氏之後年所唱爲新心理學之根源。氏歸時於富爾特爾佛臨丕斯他洛取之學校。視察其教授法。大有所得。氏對於丕氏之意見在一千八百〇二年有丕斯他洛取之新著。其意見如何。就於格爾特德所教育其子之書。可以知之。紛格題丕斯他洛取與丕斯他洛取之教育比較論。謂丕斯他洛取之四段教授法。爲丕斯他洛取之杜撰。余輩雖不能全爲左袒。總之哈兒特得於丕斯他洛取者不少。蓋無可疑之事實也。

一千八百年哈兒特歸其鄉里。呵爾典比爾喜省親。以該地不便於修學。乃往其親友希美特所住居之布列醍。在此從事於獨力研究。以爲後日爲大學教授之準備。其所研究者。以哲學及教育學爲主。其著書之足重者。於前所述丕斯他洛取新著之批評外。有

高等學校教科課程案。

丕斯他洛取爲直覺教授法之主義。

之二書。又此外有

康德哲學思想與夫依喜的哲學思想之差異。

自身之概念與其批評。

之二書。亦當時有名之著作也。哈兒特在布利覗爲自修研究者殆二年。學問見識。皆大進步。因欲達其平素之希望。乃辭希美特之宅而向格親耿發行。一千八百〇二年之秋。赴格親耿。入該地之大學。其歲十月。作卒業論一篇。得學憑。有大學私教授之資格。於是氏得其第一着之科目而開教育學之講義。傍及於倫理學。時一千八百〇三年也。明年又加論理學及形而上學之二學科。一千八百〇五年進員外教授。至一千八百〇六七年之交。講心理學及人類學。氏在大學時。以講義之暇。多爲著作。表其著名者如左。

第一　爲教育之重務世界之審美現啓。

第二　不斯他洛取教授法批評之根據。

第三　富朗特哲學說註解要略。

第四　普通教育學。

第五　形而上學要論。

第六　論理學要論。

第七　普通實踐哲學。

氏在此地。一時得非常之人望。其講義室。常無立錐之地。後値法國戰爭。而學生大減。又因克耶尼喜斯伯喜大學之懇請。難於辭却。遂榮轉於該大學。當一千八百〇九年之初。哈兒特自前大學以六倍之高給任於教授。承彼有名碩學康德之後。而迎爲克爾屋格之後任。氏當時報其友人書曰。

余得此之名譽之地位。其心喜實難以筆紙盡者。實因此名譽之克耶尼喜斯伯喜大學哲學教授之地位者。自余研究康德哲學以來。必欲承康德之後。而有繼此名譽講座之希望。雖夢寐未嘗忘此地位也云云。

哈兒特於哲學之外。講教育學。其第一着之事業。爲設大學附屬教育實驗所。使教育學之聽講學生。以其所學之學理。從實地發表其應用實驗之意見。　氏就任後。不久爲普魯西國文部大臣烏兒伯晤富溫夫火兒特所擢用。爲同國高等教育會議員。在此會大述學制改良之意見。若實驗所設立之議。眞堪採用。卒得政府之補助設置之。氏乃集兒童爲生徒。以教育學生爲實驗所之教諭。而爲實地之研究。其結果非常良好。出有爲之教育家不少。於是政府大爲信用。遂舉爲中學校教員撿定試驗委員長。當時大學之聽講學生。麇集麕至。四方遠隔之地。聞名入學者尤衆。氏在該大學中職任時所著書之有名者。表如左。

第一　哲學概論教科書、

第二　心理學教科書、

第三　應用其數學於新理學說、

第四　以經驗形而上學、及數學、爲根據者科學之心理學、

第五　普通形而上學、

第六　簡易哲學字典、

氏以一千八百三十三年。其前任格親耿大學之再受招聘。遂辭耶爾尼喜斯伯喜大學而往。其去也。彼之實驗所雖不幸而閉。而其精神傳播於四方。氏去後。四

年。其門下生有一人著書稱爲大學敎育學練習所之必要。公於世。其精神傳於世。其後繼其志者在取列迺佛取喜府起哈兒特敎育學協會。設耶那大學附屬實驗所。又有取列在那布齊大學、布力克在哈兒烈大學、希兒烈在屹新大學皆設有實驗所。傳氏之志。

一千八百三十三年之秋。哈兒特辭克耶尼喜斯伯爾大學。其年冬。至格新耿大學。開始其哲學及敎育學之講義。先是氏再就任之事傳於四方。各地少年羣集此地。來聽其講義。其中有傾心于氏之哲學說之無神論者。亦有謂其敎育說之與宗敎無關係者。更有一部學生起而反對者。不獨於講義初無妨害且愈增其聽講生之數。其講堂幾不能容此多人。竟有不得已而拒其學生入門之盛況。當時。哈兒特以全力注於大學之講義。餘用力於演說論文等。其所著書之足重者。如左

第一　敎育學講義之綱要。

第二　普通敎育學綱要。

第三　心理學上之研究。

其權利及道德之分析說明題論文。亦最有益者。與普通實踐哲學之著言。為研究氏之倫理說者不可不一讀者也。哈兒特不久舉為格親耿大學之哲學部長。圖其大學之進步。不幸而於一千八百三十七年。以政治上改革之故。而大學部內亦有大變動。氏不得已辭其職。氏時已六十二歲。研究眞理。毫無倦色。其後以研究心理學為主。一千八百四十一年八月初旬。罹急病。氏以其死期漸近。取所著書論文演說等草稿。訪問知友。語其既往。又集近親為愉快之談話。至十四日之早。吐血不止。遂卒。

當哈兒特卒之報之傳於四方也。氏之朋友并聽其講義之人士。來集者如雲。葬式極盛。其碑高丈餘。以大理石為之。於其周圍圍以鐵柵。其碑銘曰。

研究眞理兮。有神聖之根本。

努力兮。增人間之幸福。

彼之遺骸兮。今雖永眠。

氏之意見

彼自由之精神兮。今猶光明而放其輝。

（氏之意見）氏之教育上之意見。爲以間接自著哲學所胚胎者。置科學之教育學基礎於心理學。氏以爲人之精神。如植物之種子。其後年之發育成長。不胚胎於此中。換言之則預期其將來之發育。不認其有已定之先天性能。精神之本體。唯有反抗於外界諸勢力之性能耳。此反抗作用。所謂組織其知覺者爲自覺叡智之本源者爲心者自數多之知覺所組成之一機關。故人若不整理其外界之知覺。其結果不能得其精神整然之發達。若精神之全機能。則自各觀念而成。而此觀念爲精神生活之原素。組織一種之機關。此機關能使觀念變其形其特殊之狀態。興起其感情及慾望而得其特殊之狀態。教育者確守此原素而傳達之而整正之於受教者之內心。與以豫定之形態。以其精神及意志通於教育者。自己精神及意志而十分陶冶之。故教育者。殆若雕刻師然受教者殆若大理石。然可從於教育者之所欲。而聽其彫刻作爲之。此說爲陸秋呵斯滴曼斯特力幽丕兒的典斯溫特等之學說所排斥不容者也。此氏所以組織其秩序教育之一體也。氏之教育之全體。以個人之教育爲標準。非以家族或國家爲目的。不過圖個人自體之完全發育而已。教育之大主義。在於養成道德之人。而氏以倫理學定其教育之大目的。說五個之道義道念。以心理學論定教育之手段方法。說心意發育之順序理法。氏以教育學進於科學之地位者。其所論定者如左。

教育學
- 目的論——倫理學
- 方法論——心理學

（倫理學、心理學）補助學

氏以教導、教授、及訓練。分爲教育之三種。因此以教育學爲三大區。分作教導論、教授論、訓練論。蓋以教育學進於科學之地位。其完美教育方法之功勞。雖于教育學說史上。有可特筆大書者。而于其教育學。不免有闕點。誠可惜也。蓋不拘于氏之師丕斯他洛取及康德之體。氏亦不謂體育之必要。用是于教育學中不免有所缺。氏不知五官之作用及知覺之練習。果有何用。而唯用力于知覺之練習而已。訴于兒童之五官教育之目的。在于使銳敏其五官。于丕斯他洛取之主義。有不心服者。更進一步。謂知覺爲人所必要。決非其目見耳聞口味鼻觸者。于人之心中同化其知覺爲眞正有用之智識。因此知覺漸次以能力教達之順序。自心理學上指示之人之初。先有知覺力。而後有記憶力。記憶力以知覺之痕跡印于心意。且得再以是等之痕迹表視之。又幼兒之時時發問者。即表顯其新生之判斷力。又爲概括其思想者之通理。且爲命其名之徵候。而其後所証其意志之成長。于己身發其好惡之情。若自最初即不能制限之。不免有害。又數理判斷。不獨得其高尙之數理上快樂之原因而已。又爲人之發達于最後者道德快樂之原因。兒童至年齡稍長時。其發疑問者漸少。漸知廣交朋友。其特性益著。凡兒童自其所圍繞之外界之種種勢力所感動。爲收得後天之性能。即于其家庭受一種之家庭教育。在於學校受一種學校之教育。自其同游戲談話之朋友受一種之社會教育。自自然萬象而受種種之自然感化。是數種之教育。與感化者種種之性質。無不相合。而爲成長後之特性。

（教育之目的）氏以倫理學爲教育之目的。謂倫理學能闡明道德理想之內積。吾人之意志。可應于人間生活之各種狀况而遵奉實行之。確定其模範之道念。陽以與宗教無關係者五種之道德道念。自幼稚之時。于心意上使固定之。以爲將來完全于道德之人。而計其所處于社會之圓滿。以斯賓塞爾所謂如何之智識最有價値者。而及于以處世上之理學智識。爲最有價値之說。祖述康德所謂人最高之目的。不在于幸福。而在于高尚之品位。謂道德爲至高至善。以倫理之智識爲最有價値。以陶冶道德之品性。爲教育之目的。夫所謂五種道德之念者何也。曰誠意、完全、美意、正義、報償是也。今述是等之要領于左。

第一　誠意

人之精神界。在知識與意志二者。　此二者不必常相一致。亦有智識甚明。而意志不強固。二者每不相濟。然必反之。智識與意志互相補助。始有道德上之價値。凡判別事物之善惡邪正。出于內部之力。稱之曰智識。此智識常獨立。不受他之制裁。從其所趨向之處。而爲其意志之活動。稱之曰明智之人。即誠意之人也。從于智識之指導。而爲其活動者。則智識與意志可爲補助。而以此狀態稱爲誠意。人之幼稚時。以智識未明。故須教育。欲導其受教者之智識。

完全

判別其事物之是非。不可不定其意志之方向。從于受教者之所長。教育者漸次減其指導之作用。至于後。一任其自由。以受教者從于教育者之智識。稱爲從順。故教育者自其從順而導其受教者之意志。使之練習其智識。則受教者終得至于誠意之品性。

第二　完全

智識爲意志之指揮者。意志爲屬于智識者。雖爲思想界之本體。然自道德上言之。則其爲主者不在于明智而爲意志。所謂道德的道念完全之一者。乃謂此意志之完全。即强固其諸種之意思。謂一切之意志與一切之作用一致。而使之鍛鍊至此者之方法也。所謂鍛鍊者。存于受教者之精神界。喚醒其一切之能力。使努力成此宏大之動作。如勉强、忍耐、勇氣等。可盡其力以養成之者也。蓋吾人欲成一事。其意志之强固與多方之事。往往有不相一致者。此强固之意志無多方之能。而多方之意志難于强固故也。于是一個人不可不假社會之力而計其完全。即先以一個人受普通教育。養其後日處于社會應用他人智識者之能力。使各人皆有成其萬事之意志。然後始擇一定之職業。盡其全力使完成之。

美意

第三　美意

人各處此生存競爭之社會。望占于獨立高等之地位。以各人皆有特種之願望。遂起其意志之衝突。衝突起而破壞其社會。欲制此欲望而維持人人之平和。即美意也。所謂美意者。以他人之意志。調和于一己之意志中。即希望他人之意志完遂。時猶之希望一己之意志完遂。以此之故。對于他人有美意者。畢竟不外乎祈其他人之意志之完成。美意之反對為惡意。妨其他人之意志之完成。不能受其幸福也。故養成此美意之道德道念。為教育上不可不致力者也。仁愛、寬恕、同情等。為美意之形式的要目。

正義

第四　正義

數個之意志同一者。譬之對一物而皆有所欲。則互相衝突。至此時為判別之。而明其是非善惡者。法律也。法律者。除社會中各意志之互相衝突。定一維持其秩序及平和之法規。以所遵奉之心謂之正義。如義務心。共同心。報國心。皆自此正義而出者。故教育者于受教者之內心。宜養成此正義之心。此最爲必要之事也。而其所以養成之者。自法律上言其制裁之足畏。自道德上言其正義之足重。

報償

第五　報償

意志之互相衝突也。有出于偶然者。又有出于故爲者。出于故爲之意志者。發而成其行爲于此之時。其故爲之意志于其反對之意志。輒與以制裁。生利害之結果。斯時之意志。互得其相當之報償。善意志者受善報。惡意志者受惡報。是即報償之道德道念也。此報償從于害人利人之行爲而有所不同。其在利人之行爲者。以受其利而任于報償之責。謂之報恩心。　害人之行爲者。自社會中必要之機關。與以形罰而除去其弊害。其自教育養成者。謂之報恩心而對于皇室父母社會等。謂之報償之心。

教育之方法

（教育之方法）。教育之方法。以達其教育之目的爲必要。基于心理學上之原理。助其兒童心意之發達。或矯正之。不可不期兒童之後來。爲盡其社會普通之職分。今分教育之方法。爲三大區分。即第一教導。第二教授。第三訓練是也。以制止其受教者之願望及嗜慾之自由。與其以避道德意志養成之妨碍。爲第一務。以陶冶受教者之思想界。賦與以智識。而以喚起其興趣爲旨。又養成其道德觀念。所規制文明智識及發其所服從之意志之源泉。爲第二務。以努力于道德意志之實力發生。圖其道德之成熟。爲第三務。今以其教育之三大方法。詳述于左。

第一　教導

教導者。當受教者之幼稚時。若無道德之意志。又不能據于道德之意志以自立者。則抑制其不羈放縱之慾望。制止其意志之自由。以受教者意志之是非取捨。一以教育者一己之意志爲準據。乃以教育者欲盡此任務者。而稱之曰教導。教導者。雖于直接中對于兒童道德上之影響不少。然使兒童養成其以自已之意志服從于他人之意志者之習慣。遂生其道德之從順。由是觀之。教導者。爲養成從順之道德的最高之習慣制裁其。受教者意志之放縱與自由。用抑制監督命令懲罰等而濟以威嚴及親愛等。威嚴者。使受教者與教育者求其一致。全然依倚之。或自然追隨其高大優勝之精神。親愛使受教者與教育者求其一致相合。以同情同感爲基礎。

第二 教授

教授者。爲陶冶其受教育者之思想界。使自思想界中興起意志。且助長其興起。而與之以感化。若欲盡此本分。則在受教者之精神界者。不宜以無用之者附與之。宜以單純之智識。而又有其價値者與之。而欲進智識于有益之位置。使生奮發心。則于被教育者之思想界。爲喚起其所對于智識之興趣。因此以發生其意志。且使之刺擊興奮。蓋教授之精神不但與以智識而已而在于喚起其所對于智識之興趣。幷使之自覺其得結合其智識之實行。在于與以各自獨立之智識。使相連絡。總括生活之全體。搆成一團結之智識。而以道德之念。爲其大中心。要之教授之目的。若欲發達其意志。則在于與以智識。而欲與以智識使發達其被教育者之思想界者。則在于喚起其興趣。以與其智識之教授法。爲第一明瞭、第二聯合、第三系式、第四方法之四段教授法。可一貫之。而計其教授之統一。取列兒及臘音以此爲準備、提示、連絡、抽象、應用之五段教授法。興趣者。不可偏于一方。若興趣偏于一方時。則自然生偏傾之人物。偏傾之人物。爲反其眞道德人物之理想者明也。故欲作其適合其眞道德之人物。則宜使之興起多方之興趣。而此多方之興趣。其相互之連絡最爲密接。由是而其教授所興起之諸興趣。無論何處。不可有其多寡。所謂多少之興味者。指經驗的、推理的、審美的、同情的、社會的、及宗教的之六種。述之于左。

(甲) 經驗之興趣

經驗之興趣者。爲自其所存于世界中自然一切之現象。又或以實事中見聞經驗所感起之興趣。關于智識之事物。以此而觀察研究之。使其精神充實于具體之觀念。此時之喜悅愉快之欲望。即經驗之興趣也。

(乙) 推理之興趣

推理之興趣者。爲推究其自然一切之現象及事物內部之狀態。卽原因結果之關係理由者之興趣。此興趣之能自各直覺而進于普通之概念。皆此推理之興趣之力也。

（丙）審美之興趣

審美之興趣。爲判別其自然或人爲物體之善惡美醜。而感起其快樂與不快樂之觀念者之興趣也。謂愛其山水草木之風景美妙。及圖畫、彫刻、詩歌音樂等。以判識事物之美惡。

（丁）同情之興趣

同情之興趣。爲講究其與他人相交通連合。而與己共禍福者之興趣。他人之可悲者。己亦悲之。他人之可喜者。己亦喜之。卽對于他人精神之變化。卽喜怒哀樂表其同一之感情者之興趣也。乃于自己以外之人。表其同情。而至于相愛。

（戊）社會之興趣

社會之興趣者。爲表其同情于社會。自個人相互之團體對于一國一社會而共其利害。即于其計公共幸福者之願望所生之興趣也。

(己) 宗教之興趣

宗教之興趣。爲知一身之關于天運。自謹慎其身所生者。必奉一定之宗教。且不獨有敬崇之情已也。謂對于善惡應報之天道者之敬虔。

今以右六種之興趣分類表別之于左。

興趣	第一悟性之興趣	一、理論	關于經驗	經驗之興趣
			關于思慮	推理之興趣
		二、實際	關于嗜好	審美之興趣
	第二同情之興趣	一、人類	個人	同情之興趣
			社會	社會之興趣
		二、上帝		宗教之興趣

訓練者。爲對于受教者之意志而發者非若教導之抑制受教者而使之服從。僅止于道德之獎勵其應用之時期則在于教導之影響消滅時而來者或以勸告或以賞讚或以戒諭或以獎勵其所取之形式雖不一。要之不外乎隨時之感化作用以教育者與受教育者親爲交際或教誨之或賞揚之或訓戒之。或勸告之使其道德意志之成熟而被教育者經過其教育時期至成人時其道德之明智識以判識而成爲善之意志而顯于行爲且必使其不發此不然之意志要之教育者爲以被教育者之意志而維持其道德之道念所規制之方向非使其將來之一切意志有處理諸種事變之特別意志爲薰陶其意志之全體使其無論如何時爲不失爲有道德品格之人物換言之以已之意志。全以之爲使用于道德者之人物爲主義然則訓練之最高目的在于養其去惡就善之慣習其終極則在于成熟其道德之品性。

第二十二章　遂伯之畧傳并其教育意見

遂伯之畧傳　氏之主義　其要旨　幼稚園

（遂伯之畧傳）遂伯始爲之創立幼稚園教育者。以一千七百八十二年。生于德國之希瓦丕希。幼失母。十歲。養于叔父之手。入小學校。六七歲。既現有特種之性質。愛山川草木之自然。保持有靈妙之宗教之情操。蓋崇拜自然者。又爲眞正之人道之暗示者。雖與盧騷及丕斯他洛取之觀念不同。然氏對之起一層熱注之情操。其言曰。自然者。無木石水土禽獸之差別。使吾人無不知善惡是非。此草木花實。尤爲快活明了而辨別指示之。十五歲時。爲林務官之徒弟。研究博物學。十七歲。游于工科大學。重學建築學。後于一千八百〇五年。加于佛郎克佛兒特師範校之建業技師。該校長見氏之爲人。以其不宜于建築學而宜于教育學。直任用之爲同校教師。大以爲適當。然氏當時尙未知教授法也。一千八百〇八年。赴依佛克典從丕斯他洛取研究教授法。後學于丕凌及格新耿大學。又設立康把斯設立學校。以學科與手藝並行。養其生徒之自動力。爲其主義。爾後殆十五年間。于諸處積種種之經驗。改良教育。使之底于完美。當先變更其幼兒之教育。于種種研究之後。遂設立幼稚園。晚年于馬力耶爾特城內設幼稚園教師養

氏之主義

成所集少年之婦人教以教育法。以一千八百五十二年病歿。氏反于丕斯他洛取之家庭教育意見。而獎勵幼稚園。盖丕斯他洛取未教養于慈母而受繼母之邪惡。其一原因也。

（氏之主義）教育者以人之諸能力使之平均而開發之。教育之理法。在于研究其天地自然之幽邃。而諸能力發達之如何。則視其學者自動力之如何。智識之本源在于觀察萬物。氏以熱心而說開發教育之理論。曰人若不養已之內心。而求于已之感情思想之外。棄自已之心與情。徒爲外界之玩弄物而已。决不得完其天性。而成其獨立教育。以任于人之自由爲主。從于其自然之發達。可使之各自取其適當之業務。氏又觀兒童之動作。以爲兒童最好活動。銳於五官之感觸。常用心于百端之觀察。有發明物事之性質。可移此性以應用于教育。嘗自言曰。余自小兒之活動性及觀察心。變其種種之游戲。而知教育之眞義。余之所以悟此者。蓋以小兒之天性所觀察之結果而得之。氏往往率生徒游于野外。就于自然外界萬物之現象。實行其實物開發教授。氏主張以女子爲教師。謂其富于慈

其要旨

愛。深于同情。其音容殊能使兒童懷之。蓋爲男子所不及。而謂國家之運命在于女子。而大奬勵其教育。

氏之教育意見之要旨。今概括約言之如左。

第一　教育助兒童自然之發達。在于其可達到者。兒童之發達。與其出生而共爲始者。教育亦正自此時始。

第二　凡始受之感化。于後年之發達。大有影響。故于幼稚之教育。不可不極珍重之。

第三　教育不可不連結其心神之活動。與身體之活動。是知兒童之精神及其身體之發達。非各自分離而進行者。二者有密接之關係。

第四　教育者初計其身體之發達。次練習五官之動作。而後及于精神之發達。

第五　練習五官之良法。察其兒童之禀性而知之。蓋教育法眞正之基礎。除此之外。無可求于他者故也。

第六　人苟必成爲合理者。則兒童之禀性。不獨示其肉體上之欠乏。亦表出其精神上之欠乏。然則教育者補充此二者可矣。

第七　支體之發達。第一、以運動爲主。宜注目而留意之。

幼稚園　爲氏之新事業。以教育者在于探究兒童之天性。而引起其同情。使兒童鼓舞其活動之自然性。卽幼稚園事業是也。夫幼稚園爲如何乎。氏解之曰。幼稚園者。爲教育幼兒之學校。而指揮其兒童自然之發動。所生之游戲。及以所自發之諸觀念。順其序而整理之。以啓發諸能力。而養成于均一。以爲入普通學校之準備者也。詳言之。則幼兒之未達于學齡。計其身體自然之發育。練習五官。使識別自然與人事。特教化其心與情。以調加其諸能力。而連絡之。使之發達。立一生之基礎。使得爲成人者也。而兒童之身體。以體操使發育之。若判別力。則以球圓錐方形體捧等種種異樣之玩具養之。又諸能力以此等之玩具組諸物、或摸造之、而使之發達。

第二十三章　斯賓塞爾之畧傳並其教育意見

斯賓塞爾之畧傳　氏之意見　智識之種類　科學之必要　其理由
第一第二第三第四氏之德育說　氏之體育說　教育法要旨

（斯賓塞爾之畧傳）斯賓塞爾爲英國近代有名之哲學者。繼承經驗學派之主義。于陸克哈登及彌爾之學說中。加以法國科睹特之主義。而應用于泰依溫之進化主義。氏之說學理也。無不基于進化之原理。然則氏之論教育。亦必基于進化。可不問而知。蓋氏實主張實利主義之一人也。氏以一千八百二十一年生于英國打兒比衣。其祖父及父。共以教育爲職業。管理打兒比衣之高等學校其兄弟皆夭逝。獨氏一人成立。氏自幼時。以體弱非常。故其父注意於其體育。察學校教育之危險。自掌其教育。施其適於體弱者之教育。其父之教之也。嘗明其所接于耳目者。外物之性質。及其法則。其不能明其趣旨之要領者。決不以書籍授之。百方用意。務使其所已教者。不歸于徒勞。十三歲時。從叔父某修學。以數學與機械學爲最擅長。其後研究土木學。年十七。爲鐵道技手。前後八年間。從事于此。氏之爲技手也。晚年草一對于政府之論文。而寄書于冷科富呵爾密斯特新聞後使編爲一小册。公之于世。大得稱贊。自千八百四十八年至于八百五十二年。之間爲經濟新聞之記者。後爲克典泰力列屋幽新聞之主幹。大得哲學上之智識。千八百五十五年。著心理學。其後著教育論。自千八百六十年。網羅莫大之材料。而以從事于哲學大全。大著述爲包括其生活、精神、社會之三大區分之浩大哲學。又著哲學原論。生物學。心理學社會學倫理學等書。公于世無何論書皆言進化。若其倫理學。殆費三十六年之工云。氏之教育論。乃觀于當時英國教英社會之風潮。一傾向于古文學。以爲此教育法。畢竟不能養成完全之國民。蓋科學爲教育之基礎。倫欲教以康强及生產之道。而補其欠點。以如何之智識而後于人間有其價値。以教育終極之目的。人間事業之種類。與其相對之輕重。及諸學科輕重之次第等。從其次序。而一一考察之。又有智育、德育、及體育之三章。有開發心智、完美道德、强壯身體等之學說。

氏之意見

（氏之意見）教育爲暢發人之性能而暢達之。使人于幸福上智識。悉行具備。則教育終極之目的。在于完全其爲人。使之自治自活。惟科學足以養成是等之

智識種類

智識。故科學爲教育之基。教以康強及生產之事業。以是爲其主要之學科。又發達其一種之智識。而不阻其自餘之智識。宜用意于全局于各人之生活及社會之生活。而網羅其千種萬樣之狀態。使發達之至于完全。授以最良之智識。使其于自渡無所缺欠。而于完全之生活需諸種之智識者。則教人之智識之種類。亦因之各異。故先爲之立其次序于人之生涯。示其主要之行爲類分之於左。

第一、以直接保護其身體之智識。

第二、以間接保護其身體之智識。

第三、爲養育其子孫使成爲完全人者之父母之智識。

第四、關于社交上及政治上以正當而處理之（即爲完全國民之）智識。

第五、弄其文學技藝。或愛其自然之美。以處世上之餘暇。取有益之快樂者。即審美上之智識。

氏授人第一、之智識。在通生理衛生之大畧。活用其平素之生活。而避一切之疾病。持其心身之健全活潑。第二、于讀書算術等之外。在收得生活上所製產供給之物品種種科學上之智識若理學、化學、數學、動植物、技藝、及實業等之智識。第三、在通于身體之養育、及心意發達之理法者之生理學心理學及教育學等之智識。第四、在社會之變遷、政治之狀態、及關于人倫道德凡百之智識。第五、在繪畫、彫刻、音樂、詩歌、或天然造化之妙機、而養成其美術心。氏欲自此等之分類而達其教育之目的。第一、于直接可爲其保護自已之準備之教育。第二、于間接可爲其保護自已之準備教育。第三、盡其爲父母本分之準備教育。第四、盡其爲國民義務之準備教育。第五、養其審美之心于處世上得種種快樂之準備教育分爲五種。而此五種之教育非劃然區別之。乃使之相連絡者。

氏施其如此五種教育。恰如哈兒特以五種之道義的感念。定其教育之目的。使鞏固于受教育者之思想界而確持之而養成爲道德之人。施此五種之教育。授五種之智識。以養成爲完全幸福之生活者。有實用者之人材。氏又分教育爲智育、德育、及體育、之三種。以圖人間之智識道德及身體之健全。得處世上之知識。

科學之必要

以科學最爲適當。科學者不可缺其記憶力、斷定力、道德心、及宗教心之鍛鍊。

（科學之必要）氏以如何之智識爲最有價値乎。又可得其最有價値之智識之教育宜以何學教授之乎。以此大問題而提出之。又以科學解釋之曰。于直接保護其身而保其安全之生命。無恙之康强。其主要之智識則科學也。于間接保護其身而使生計安樂。其有最大之價値者之智識。亦科學也。全其爲父母之職分。與其正當之智識者。亦科學也。以國家過去現在之狀態。而能正當解釋之者。以國民盡其爲國民之義務。而以此解釋之故。有不可缺之關鍵。亦科學也。以種種之美術、製作之使爲完美。又因爲高尚之娛樂。故其所要之準備智識。亦科學也。爲智力上、道德上、及宗教上之鍛鍊。其最爲有效之研究材料者。亦科學也。而其所謂科學者。非狹意之科學。而可謂對于所謂文學者廣意之科學也。于一切之時對于一切之人爲形體上心意上及社會上不可離之一學科。

其理由

今擧其所以適當于科學之記憶力、判斷力、道德心、及宗教心之養成者于左。

第一

第一　所以養成適于科學之記臆力。

第二

世人于鍛鍊記臆力以語學研究而思其最良之方法。然其實則在于科學。自天地之大以至于化學的原素之微其範圍甚爲廣濶。只修其一班之智識。較之自語學所養成之記臆力殆有相等之價値。今舉科學之記憶力其鍛鍊上大優於語學之點者。夫語學研究上構成精神界之思想其連絡多爲對于偶然之事實。科學則不然其思想之連絡。多對于有原因結果之事物者。教授之法得宜。則原因結果之關係皆能理解之行推理力之演習。而鍛鍊其確實之記憶力。已無不足要之科學使語學通于無理由之關係。反熟于有理由之關係。從而養其確實之記憶力得益益强固。

第二　所以養成其適于科學之判斷力。

科學之心力。于鍛鍊上之價値。在于能修鍊其判斷力。凡就于事物之原因結果而斷定之者。必就于事物現象相互之關係。有十分之智識。而後始得其當。若謂如何而后能通於言詞。而欲以原因結果之理法。得其推測判斷之能力。殆難望者。反而徵于科學之實驗觀察。養其証論原因結果之理法者之習慣。實能使人

第三

第四

氏之德育說

得判斷事物之能力。

第三　所以養成其適于科學之道德心。

苟修科學則能鍛鍊其道德上之心。抑修科學者。須忍耐勤勉與從順于自然之所示。然則因此而知從順之精神。苟有反于眞理者。不待躊躇。有悉放棄之之精神。是等之精神。可謂道德的精心之基礎。

第四　所以養成其適于科學之宗教心。

科學與宗教相一致。背于宗教者。卽背于科學。科學者。教其精神對于爲萬有之基本者。萬世不變自然之理法。表其誠摯之尊敬。且發其隱然之信仰。又必宜知順于天地不變之原理。証明符合于本來敬神之義。卽科學使吾人得其以人與人對于全智全能者之關係。與眞正之思想。一言以蔽之曰。使之明人與神之關係。

（氏之德育說）　氏之德育法。在于使兒童依賴于造化之自然。蓋自然者。乃于兒童之犯罪時。示其應報而使之知其爲邪惡。氏廢人爲之刑罰。只使小兒自然遭遇于苦痛。不便以自然而訓戒之。不再罹于前非前惡。以其懲罰一委于自然之理法。如氏之所說。謂自然之德育有四益焉。第一使自知其爲正當之行爲者。有善果。爲不正之行爲者。有惡報。以行爲善惡正邪之結果。使自實驗上知之。而理解其道德上之原理。第二使兒童知自然之懲罰。爲公明正大者。第三公明正大之自然懲罰。伴于兒童之生長。而加于事物自然之進行。有錯亂其人之心者。而保其秩然之溫和性情。第四以懲罰全在于自然而爲教育者與被教育者之安間。使被教者毫不覺其不愉快。

氏以此自然法懲罰之基于原理。而設其道德心養成上可注意者二三。之定則于左。

第一　教導幼童者。不可望其急速而修得完全高尚之道德。宜使之伴于自然之發達。漸至于完全。

第二　不可急激其道德心之發達。

第三　養成其道德心者。不可以得中庸之結果而滿足。蓋完全善美之道德心。與高尚之智力相同。必經遲久之成長乃可發達者。

第四　施其德性涵養上種種之方法手段而禁其無效力之命令強制。

第五　行其命令或強制者于沈思熟考之後。確認其得十分之結果而觀其其決行力之強固與否。若決行之。則不可無威嚴。

第六　使其不仰他之制裁之人物。而爲克己自制之人物。

第七　不可殺其自執心。

氏之體育說

氏之體育說。以有力而常得其勝利之人。卽體力強健之人也。蓋使人保持健全之體力。而爲其強壯活潑者。爲國家隆盛之要素。實爲教育之要務。體力之不完全者。多出于衣食之欠乏。及身心過度之使用。若完全之教育。則不獨使人適于其智力上之競爭。卽體格上亦不可不以非常之疲勞之目的。爲其方針。若欲達此目的。宜適當而與以新鮮之食物衣服。以清潔爲旨。應于寒暑之變而節用之。以適當之運動。與四支之使用。而調整全身血液之循環。以精神之使用與其休息之時間。斟酌適宜。若體操然。當撰其可爲兒童之娛樂者自然之運動。

氏之教育法之要旨。教育之方法及其順序。欲符合于能力發達之理法。及其順序者。不可不先詳悉其能力發達之理法。如何而就于現今能力發達之理法。舉吾人之所知者不過二三之概念。故以此爲教育法之基本先考究此概念。以作無數之細目此等諸能力中其發達孰先孰後。又孰與孰共爲發達。宜確知之。然後始練磨諸能力而開發之。就于多數之方法中求其最合于自然之理者採用之。然則在于今日雖不得以最良之教育法爲眞正之教育法。然研究其可爲標準之諸定理。自實地經驗上改良其教育法。不難望其漸達于完全之域。今舉此等之要旨于左。

第一　教育之法。自簡而繁。不可不執漸進法。人之心智。恰如植物之生長然。爲漸漸生長。自單純而進于複雜者。而眞正之教育法。因不可不伴于心理之發達。必不可不以同一之步調而使之進步。抑人之心智其初雖爲單純少量之能力。然漸成爲複雜之能力。終併一切之能力。而于一時發生者。雖所教各學科。自單一及複雜。乃授其全體之學識。亦不可不如此。

第二 學科之順序。不可不自有形進于無形。使兒童先學事物之實形實例。而後藉其助以悟形而上之原理。不可不漸次自細目而進于大綱。

第三 兒童教育法。及其順序。不可不隨于累世一切人類所承受之教育方法及順序。蓋一般人類之智識。皆由發達進步之順序。雖各個人。亦不可不使之教育發達。蓋以兒童教育法。乃自人類野蠻時代漸次進于今日之開明。無不由此徑路經過而來者。累世人智所漸爲發達之順序。概非出于偶然人間之心智。于欲解其所遭遇百般之現象。常以諸般之現象比較之。而經驗于實地。作爲種種之說。後始發現特別之徑路。而後有今日之智識。故自他之徑路不能得心意與現象間所生之智識。殆無疑也。而今日各兒童之心意與現象間。亦以有右記之關係。若非由于人類心意所曾經經過之徑路。則終不能得宇宙萬有之現象。

第四　技術先開而學理次之。當于人智之進行所現出之事實。無論個人與一般之人類。皆自有形入于無形者。是自然之順序也。故道理基于實驗。非有實地實驗。後學理決不能起。然則使學其學科者。先宜自實驗入之。使觀察實物。然後使進于理論。

第五　幼兒之教育。于自然中。鼓舞其發達之能力。自思事理。且不可不使自判別之。苟一切人類爲自學而後進步者。則教育其兒童者。亦宜使其心意從于一切人類進步之軌道。故教師不以講義爲重。宜使兒童自行視察事物。考究之。推測之。就于其智力所能理解之事物。以言語而表出之。

第六　判教育法之良否者。在于問其教育法之能使生徒歡喜與否。要之教兒童之道。在于使其自然之心意歡喜。養成樂于爲學之風。若害之而使之不愉快。則其方法必于心意發育上有大害。急宜避之。

第二十四章　十九世紀教育之大勢

義務教育　小學及就學比例　各般之教育

夫教育者在于使個人修完全之智識。確持圓滿之道德品性。全其自治獨立之生活。而成爲完全無缺之國民。而實行此理想者。則國家不可不自用國民之教育。德國以此思想而切實行之。卒先于他國開設公立學校。而授以生活上必要之智識于國民。而努力養成完全之國民。一千七百六十三年時。國王維廉皇帝第二世。下令國中自五歲至於十三四歲者。無論男女。悉有入小學校之義務。又設一制曰。後經四十餘年。有背此義務者。以一定之刑罰。科其父兄。其後布强制之就學令。施行於獨逸聯邦。一千七百七十四年。墺國亦布强制之就學令。一千八百八十二年。法蘭西亦傚之。自是瑞典、丹麥、意大利、葡萄牙、西班牙、等前後實施强制之就學令。英國亦于一千八百七十年布一律之教育令。今日殆無不布强制之教育制者。今舉最近之調查。以其小學校數及就學兒童數之比例。以示國民教育發達之概況于左。

國名	小學校數	人口千人中之小學兒童數

德國	五八、〇〇〇	一六一
瑞西	八、一〇一	一六〇
瑞典	一〇、五一六	一五九
英吉利	三一、六〇〇	一四六
法蘭西	七九、七五五	一四六
那威	六、七〇〇	一四五
荷蘭	四、〇九七	一三八
嗹馬	二、九五〇	一二三
澳地利及匈牙利	三三、九七八	一二一
西班牙	二九、八二八	一〇二
比利時	五、六一四	一〇〇
日本	二四、〇四六	八三
意大利	三五、七四八	七七

各般教育

希臘	一、六〇〇	五〇
葡萄牙	五、三一六	四六
	六六八	二七
	二五〇五	三一
俄羅斯及芬蘭	三八、一三八	二一

各國概行實施强制之教育。其教育費每年亦不爲少。皆自國庫負擔之。英國每年支出九千五百萬圓。法國每年支出六千萬圓。德國每年支出四千五百萬圓。比利時小國也。亦支出六百萬圓之巨額。較之我日本之支出額。國家之致力于教育與否。足以推知。即此亦可窺見其教育狀況之一班。

小學校之外。中等教育及高等教育并師範教育制度。亦陸續至于完全。中等教育之目的。爲高等教育之豫備。而中等教育各國雖概爲政府之教管督。乃至受其補助。而英國則以此爲個人之事業。不加以嚴重之管督干涉。而最盛者爲德法。英美次之。

教育之獎勵

學校教員之養成所。爲師範學校。與小學校同爲國家教育制度中之主要者。小學校教員及中等學校教員之養成所。概爲分別設置之。而小學校之教員。美國則專用女子。英法德諸國。亦陸續成此風尚。

小學校中等學校及大學外。其有關于軍事、航海、鐵道、郵便其他實業工藝等之專門學校。其既已設置者。亦不少。其尤完備者。爲英、美、德、法、諸國。今以德法爲始。而就于其他文明國教育之狀況陳述于左。

德國之教育概況

教育之獎勵　教育行政　師範學校　檢定試驗　小學　教育之普及　中等教育　大學　補習學校

德國爲西洋文明國中最開化邦國之一。其教育學大發達。教育制度亦大完備。十九世紀之初。因法帝拿破崙蹂躪之後。失其領土。欲恢復之。而强大其國家。知于擴張國民教育以振起人心之外。無他策。于是國王維廉三世下令國中曰。吾人土地已失。國權已損。今不可不養國民之元氣。而進其智力。養其德性。以作完全之國民。使國威輝耀于全球。此朕所日夜盼望而欲致力于國民之教育者也。

先是法德之戰爭未已時。國王選拔有爲之少年。使留學於瑞典。就于丕斯他洛取研究小學教育。使修得實施之方法。又特于外國聘用俊秀之教育家數名。任用于學務官及師範學校長之列。圖小學教育之改良。其後發布今日之制度。以促其教育之進步發達。

教育行政

教育行政之事務。屬于各聯邦之中央政府。以文部大臣管理之。又有專門學務局及普通學務局。其大臣於次官之外。而從于自大學校中學校小學校及師範學校等之教員中所選任之高等教育會議員。而評議其教育事務。管督大學及中等學校教育檢定試驗委員等。中學校以各州學務局管理之。小學校以縣廳學務員管理之。各州之學務局。以各州長官兼之。縣則別置一專務之官史。郡、市、町、村、置學務委員。又各縣置地方視學官。各郡置郡視學官。

師範學校

師範學校全國有二百餘。概屬官立。教員則以校長、教首、教諭、四名。助教諭一名。總員七名而成。其生徒爲百名。以納其入學者。履行其小學之全科。以兩年終其修業之豫備校係年齡十七歲以上二十四歲以下者。修業年限爲三年。卒業後三年間有從事於教育之義務。其修學費爲官費。因欲使上級生練習實地教育法。乃設附屬小學校。以師範教員爲之。而示其實地教育法。今舉官立師範學校之教科目時間表于左。

科目	每週教授時間			
	第一學年	第二學年	第三學年	合計
教育學	二	二	三	七
宗教	四	四	二	一〇
國語	五	五	二	一二
歷史	二	二	二	六
算術	三	三	一	七
幾何	二	二	〇	四
物理	四	四	二	一〇

地理	二	二	一	五
圖畫	二	二	一	五
習字	二	二	〇	三
體操	二	二	二	六
音樂	五	五	三	一三
外國語	三	三	二	八

隨意科

札克乾州以不設師範學校豫備校。而以師範學校之修業年限爲六年。以小學校卒業者入之前三年間。使學豫備學校。今舉教科目時間表于左。

科目	每週教授時間					
	第一學年	第二學年	第三學年	第四學年	第五學年	第六學年
宗教	四	四	四	四	四	三
國語	三	三	三	三	四	三

羅甸語	七	七	五	四	二	二
地理	二	二	二	二	二	二
歷史	二	二	二	二	二	二
物理	〇	〇	〇	三	二	二
博物學	二	二	三	〇	〇	〇
數學	四	四	五	四	四	三
教育學	〇	〇	〇	四	五	五
實地授業	〇	〇	〇	〇	四	四
音樂	五	四	四	四	〇	〇
體操	三	三	三	三	二	二
習字	二	二	二	二	一	一
圖畫	二	二	二	二	一	一
合計	三六	三五	三五	三七	三三	三〇

二百之官立師範學校中。女子師範學校。僅有二十三校。其課程之大綱如左。此男子師範校。稍有所異。

科目	第一學年 必須	第一學年 隨意	第二學年 必須	第二學年 隨意	第三學年 必須	第三學年 隨意	第四學年 必須	第四學年 隨意	第五學年 必須	第五學年 隨意
宗教	三	○	三	○	二	○	二	○	二	○
國語	四	○	四	○	三	○	三	○	三	○
佛語	四	○	四	三	四	○	四	一	四	一
英語	○	三	○	三	○	三	○	四	○	四
地理	二	○	二	○	二	○	一	○	一	○
歷史	二	○	二	○	二	○	二	○	一	○
博物	三	○	三	○	三	○	二	○	一	○
幾何算學	三	○	三	○	二	○	二	○	一	○
教育學	○	○	○	○	四	○	四	○	四	○

(每週教授時間)

檢定試驗

實地授業	○	○	○	○	○	○	三	○	三	○
唱歌及音律	二	○	二	○	二	○	二	○	二	○
	○	一	○	一	○	二	○	二	○	二
圖畫	二	○	二	○	二	○	二	○	二	○
習字	一	○	一	○	一	○	○	○	○	○
裁縫	二	○	二	○	二	○	二	○	二	○
體操	二	○	二	○	二	○	二	○	二	○
速記	○	二	○	二	○	○	○	○	○	○
合計	三○	六	三○	六	三一	五	三一	七	二八	七

師範學校卒業生。若就其教職時。不可不先受教員檢定試驗。此試驗小學教員無論何人。皆得受之。其檢定之及第者。始得爲准訓導。而就職後經二年。受第二回之試驗後。始得爲訓導。其爲音樂體操手及圖畫等之專科教員者。各有專門學校卒業者之中採用之。

小學

以小學教員于男子。外女子之有志望者。益益加增由是又有女子師範學校之設立。然政府所管轄之官立學校僅二十三校而已。其他之私立者概自試驗而任用于教職。

小學校教員檢定科目。爲算術、幾何、地理、歷史、博物、國語、外國語、及教育學、教育史、管理法、及授業法等。　而中等學校之學教員。于大學卒業生施其一定之試驗。其合格者。任用于助教諭。至二年之後。施第二次之試驗。然後就教諭之職。

教員之退隱或死亡。予以恩給金或與扶助金于遺屬。其俸職至于十年者。給其最後年俸四分之一之恩金。奉職至四十年間者。予以其最後年俸四分之三之恩金。

小學教育之目的。于維廉第四世時教育令第二條。規定小學校所與兒童之教授練習規律及秩序。以及國事上宗教上及生業上必要之教授。至一千八百七十七年。又改定之。其小學教育之目的。爲以教育及教授。而養成其兒童使有道德上以及爲國民之資格。且于其社會之生活。收得其必要之普通技能。

小學校于中學豫備小學外。有同于日本之小學校者之國民小學校。概以八年爲其修業年限分多級學校單級學校之二種。今舉多級學校之教科目時間表于左。

每週教授時間

教科目	第一學年及第二學年	第三學年	第四學年	第五學年	第六學年	第七學年	第八學年
宗教	三	六	四	四	五	六	六
國語	○	二、三○	四	三	三	三	四
讀書	一○	五、三○	四	三	三	二	二
習字	一○	三、三○	四	三	三	二	二
算術	六	六	四	四	四	四	四
歷史若地理	○	○	○	二	二	二	二
庶物課	三	二	○	○	○	○	○
博物	○	○	二	二	二	一	○

幾何	○	○	○	○	○	二	二
物理	○	○	○	○	○	二	二
圖畫	一	二	二	二	二	二	二
唱歌	○	○	二	二	二	二	二
躰操	○	○	二	二	二	二	二
合計	二三	二一	二八	二八	二八	三〇	三〇

國民女學校在上級另加一裁縫科目

單級國民小學校。概分三級。以長時間分配爲各級之教授時間。二三之學校。不問學級之高下。以三學級同時教授之。以下級生徒之學力爲標準而定程度。今分爲三學級而示其單級學校之教科目時間表于左。

每週教授時間

科目	下級	中級	上級
宗教	四	五	五

國語	一二	一〇	八
算術	〇	〇	一
幾何	〇	一	二
實科（地理歷史博物）	〇	六	三
音樂	一	二	二
躰操	〇	二	二
合計	一六	二六	二三

小學校之種類。雖大別之爲單級多級。若更詳言之。則有自單級學校、半日學校、二級學校、三級學校、至于八級學校者、之數種學校。今自一千八百九十四年調查翌年度徵兵之教育之有無。而觀其小學教育之如何普及。

洲名	陸軍兵				海軍兵			
	有教育者	無教育者	計	兵員百人中無教育者	有教育者	無教育者	計	兵員百人中無教育者
東普魯士	一二、六三四	一二四	一二、七五八	一、九七	五二九	八	五三七	一、四五

西普魯士	八、八六七	一一〇	八、九七七	一、二三	四七八	六	四八四	一、二四
	六、六六〇	一一	六、六七一	、〇七	三二六	〇	三二六	、〇〇
	八、八四六	九	八、八五五	、〇一	八三〇	三	八三三	三六
	一〇、二三七	一〇二	一〇、三三九	、九九	一二六	一	一二七	七九
	二〇、八二一	九一	二〇、九一二	、四四	二一五	〇	二一五	、〇〇
	一一、一四〇	一〇	一一、一五〇	、〇九	二六六	〇	二六六	、〇二
	六、〇六八	四	六〇、七二一	、〇七	六七九	〇	六七九	、〇〇
	九、九九八	七	一〇、〇〇五	、〇七	六三一	二	六三三	三二
	一二、二四一	三	一二、二四四	、〇二	四八〇	〇	四八〇	、〇〇
	八、八七六	九	八、八八五	、一〇	一七七	〇	一七七	、〇〇
	二二、七八二	一〇	二二、七九二	、〇四	六七四	一	六四七	、一五
	、二九〇	〇	、二九〇	、〇〇	四	〇	四	、〇〇
總計	四九、四六〇	四九〇	一四九、九五	、三三	五、三八七	二一	五、四〇八	、三九

中等教育之學校。其種類甚多。或授大學入學之豫備教育。或作實業教育之素

地。或直就于實地之職業。可授其學術技藝者。舉其種類于左。

文科中學校　修業年限　九年
准文科中學校　修業年限　六年
實科中學校　修業年限　九年
准實科中學校　修業年限　六年
高等實科學校　修業年限　九年
實科學校　修業年限　六年

文科中學校以下之中等學校。以兒童之入學期爲九歲。以小學校中卒其三年間之修學者而入之。其卒業生以得無試驗而爲一年志願兵之資格。而在于文科中學校者。以九年修業爲大學入學之資格。今舉文科中學校及實業中學校教科目時間表于左。

（甲）文科中學校

每週教授時間

科目	第一學年	第二學年	第三學年	第四學年	第五學年	第六學年	第七學年	第八學年	第九學年	計
宗教	三	二	二	二	二	二	二	二	二	一九
國語	三	二	二	二	二	二	二	三	三	二一
臘丁語	九	九	九	九	九	八	八	八	八	七七
希臘語	〇	〇	〇	七	七	七	七	六	六	四〇
法語	〇	四	五	二	二	二	二	二	二	二一
歷史地理	三	三	四	三	三	三	三	三	三	二八
數學	四	四	四	三	三	四	四	四	四	三四
博物	二	二	二	二	二	〇	〇	〇	〇	一〇
物理	〇	〇	〇	〇	〇	二	二	二	二	八
習字	〇	二	〇	〇	〇	〇	〇	〇	〇	四
圖畫	二	二	二	〇	〇	〇	〇	〇	〇	六
體操	二	二	二	二	二	二	二	二	二	一八

唱歌	二	二	二	二	二	二	二	二	二	一八
合計	三二	三四	三四	三四	三四	三四	三四	三四	三四	

乙實科中學

每週教授時間

科目	第一學年	第二學年	第三學年	第四學年	第五學年	第六學年	第七學年	第八學年	第九學年	合計
宗教	三	二	二	二	二	二	二	二	二	一九
國語	三	三	三	三	三	三	三	三	三	二七
臘丁語	八	七	七	六	六	五	五	五	五	五四
法語	〇	五	五	四	四	四	四	四	四	三四
英語	〇	〇	〇	四	四	三	三	三	三	二〇
歷史地理	三	三	四	四	四	三	三	三	三	三〇
博物	二	二	二	二	二	二	〇	〇	〇	一二
物理	〇	〇	〇	〇	〇	三	三	三	三	一二

化學	〇	〇	〇	〇	〇	〇	二	二	二	六
數學	五	四	五	五	五	五	五	五	五	四四
習字	三	二	〇	〇	〇	〇	〇	〇	〇	五
圖畫	二	二	二	二	二	二	二	二	二	一八
計	二九	三〇	三〇	三二	三二	三二	三二	三二	三二	二八一

文科中學校全然爲大學豫備校。准文科中學校比之文科中學校。低三學年之程度而已。皆以臘丁及希臘之古文學爲主。專施文學之敎育。養成高尙之風氣。所重者爲歷史文學之智識。專爲大學之豫科。又使之爲中流之人物。

實科中學校。及准實科中學校之二校。偏對于文科學校之古文學所重者爲實用之學科。雖順不敎古文學。然以近世語學與數學及理化學爲主。而敎授之。極力養成實用之人物。而于實科中學校之卒業生。使其于實科得入于大學。

高等實科學校。及實科學校之二校。古文學。全然無用。毫不課之。以近世語學。並實用之科學爲主。而敎授之。與以實業上必要之智識。使成爲有用之才。于高等實科學校卒業生。使之得入於大學。

高等女學校。與文科中學校及實科中學校無異。臘丁語及希臘語之一科。或並二科皆無之。輕科學而以近世語學爲重。今舉教科時間表于左。

每週教授時間

科目	第一學年	第二學年	第三學年	第四學年	第五學年	第六學年	第七學年	第八學年	第九學年	合計
宗教	二	三	三	二	二	二	二	二	二	二〇
國語	九	九	九	五	五	五	四	四	四	五四
佛語	〇	〇	〇	五	五	五	四	四	四	二七
英語	〇	〇	〇	〇	〇	〇	四	四	四	一二
算術	三	四	四	四	四	四	二	二	二	二九
歷史	〇	〇	〇	〇	〇	二	二	四	四	二三
地理	〇	〇	二	二	二	二	二			
博物	〇	〇	〇	〇	二	二	二	二	二	一〇

唱歌	○	○	○	二	二	二	二	二	二	一二
習字	○	○	○	二	二	○	○	○	○	四
圖畫	○	○	二	二	二	二	二	二	二	一四
體操	二	二	二	二	二	二	二	二	二	一八
裁縫	二	二	二	二	二	二	二	二	二	一八
計	一八	二○	二四	二八	三○	三○	三○	三○	三○	二四○

大學

大學爲世界中之最完備者。于一大學中兼有神學、法學、醫學、哲學、之四科。哲學科中有數學、博物、經濟、史學、地理、文學、博言學等之諸學科。又別有工藝大學之設。以教授其間于工學技藝之學科。如伯林大學。實爲有名者。從世界之文明各國。每年派留學生使研究各種專門之學術。

德國教育之一班。可依于最近之統計。以示其學校數。

(甲)小學校之部

小學校　五萬八千校　生徒數七百九十二萬人　教員數十二萬人

(乙)中等學校之部

文科中等校　四百二十四校

准文科中學校　八十六校

實科中學校　百三十校

准實科中學校　百〇九校

高等實科學校　三十三校

實科學校　百七十一校

高等市民學校　二校

(丙)實業學校之部

工業大學　九校

中等農業學校　三十一校

礦山學校　十五校

建築學校　十五校

森林學校　九校

美術技藝學校　二十三校

音樂學校　七校

(丁)大學之部

大學　二十一校學生數二萬三千二百廿一人敎師數二千五百二十六人

于右之諸學校之外。有補習學校。以小學卒業之生徒。三年以上五年以下。在此受其教育。以讀書習字、算術之三科。爲其主要之學科。夜間或以一禮拜中二時間乃至四時間爲授業時間。受學務委員之監督。此外爲痲木不仁者聾、啞、盲、等。設有無謝儀學校。又爲下賤之男女少年。設有教授烟筒、掃除、制靴、手藝品製造、麵包製造、等之專修科學校。

(二)法蘭西之敎育概況

教育制之改革　教育行政　視學官　師範學校　檢定試驗

小學教育　中等教育　大學

教育制之改革

此國爲教育制度最爲完備之國。其設公立小學校布就學之法令在一千八百三十三年。屹棱之爲文部大臣時。先是克威耶視察德意志荷蘭諸國之教育制度。于一千八百一十一年。公其報告書。說教育制度改正之爲急務。後于一千八百三十二年。政府派克長往德國使視察學事。歸國後。于氏之外。用數名之教育家。改正教育制度。遂發布教育令。其後千八百五十年。共和政府之世。又于教育制度爲其改革。一千八百八十一年。更補修教育令。翌年布就學強制之法。一千八百八十六年。明宗教與教育之關係。禁寺院之干涉教育。不許僧侶爲教師。又以教育費之大半。自國庫支辦之。越三年。發布初等教育之法令。益成爲完全之制度。

教育行政

教育行政之事務。文部大臣管之。于大臣之下。有高等教育會議。爲教育上之諮詢府。專評議教育上之問題。得爲此議員者。自大學者九名。由大統領選任之。私立學校教員四名。自中等學校所互選之代表者三十八名。自小學校所互撰之代表者六名。總計自五十七名而成。每年會議者二次。而別置常設委員十五名。

視學官

兼使調查教育上問題。文部省有高等學務局中等學務局。初等學務局之設。各府縣有府縣教育會議由知事、大學區視學官、縣參事會員中所互選者四名。由男女兩師範學校長、公立學校教員中所互選男女教員各二名。文部大臣所指命之小學視學官二名而成。市町村有學務委員。掌兒童就學之管督于文部省內置文部視學官。以視學部區別高等教育部、中等教育部、初等教育部之三部。置左之人員爲各項之視察。

(甲)高等教育視學部

定員八名　文科三名理科三名法科一名醫科一名

視學之地方　分科大學、高等藥學校、醫學校、文部省直轄理科及文科諸學校之視察、

官公立中學校及私立中學校臨時視察、

(乙)中等教育視學部

定員八名　文科四名　理科四名

視學之地方　官公立中學校及私立中學校之視察

(丙)初等教育視學部

定員八名

視學之地方　男女師範學校高等小學校補習科等

右之三種視學官之外。有地方視學官。卽以全國分爲十六大學區。于各學區置長官一名。視學官數名。使視察區內之中小學校教育。而以此大學區。又分爲數小學區。置小學區視學官。專司小學教育之視察。此外幼稚園教育。有幼稚園視學官。直隸于大學區長官。使司大學區內幼稚園教育之視察。

師範學校

師範學校分尋常高等之二種。尋常師範學校。養成初等小學校教員。高等師範學校。養成尋常師範學校及一切高等小學校教員。尋常師範學校以十六歲以上十八歲以下之生徒。入之。十年間從事于教職之義務。官給學費。設附屬小學校爲實地授業之地方。而此尋常師範學校。分爲男女之二種。修業年限皆爲三年。其教科目時間表如左。

每週教授時間

科目	第一學年	第二學年	第三學年
國民義務	○	○	一
倫理	二	二	○
教育學及管理法	一	一	一
國語及國文	七	五	四
歷史	四	三	三
地理	一	一	一
算術及簿記	二	三	三
幾何及測量	一	二	三
物理	一	二	二
化學	一	一	一
博物	一	一	二

農學及園藝	○	一	二
外國語	二	二	二
習字	二	一	○
圖畫	四	四	四
唱歌及樂器	二	二	二
體操	三	三	三
農桑及手工實習	四	三	四
合計	三八	三八	三八

乙女子尋常師範學校

每週教授時間

科目	第一學年	第二學年	第三學年
倫理及國民義務	一	一	一
教育學及管理法	一	一	一

國語及國文	六	五	四
歷史	四	三	三
地理	一	一	一
算術及簿記	三	三	三
物理	○	一	一
化學	○	一	一
博物	一	二	二
家事經濟及衛生	○	一	一
外國語	二	二	二
習字	三	一	○
圖畫	四	四	四
裁縫	三	三	三
唱歌及音樂	二	二	二

體操	二	二	二
種物採集及栽培法	二	二	二
合計	三五	三五	三三

高等師範學校。有男子高等師範學校。與女子高等學校之二所。皆分之爲理科文科之二科。以十九歲以上二十五歲以下者入之。其修業年限各爲三年。卒業後有十年從事于教育之義務。其學費由官給之。今舉兩師範學校之教科目時間表于左。

(甲)男子文科之部

科目	每週教授時間 第一學年	第二學年	第三學年
心理教育倫理	二	二	二
國語國文	五	四	四
歷史國民教育	三	三	三

科目	第一學年	第二學年	第三學年
地理	一	一	一
習字	二	一	○
外國語	二	二	二
手工農業	五	五	五
體操	三	三	三
唱歌音樂	二	二	二
合計	二五	二三	二二

理科之部

每週教授時間

科目	第一學年	第二學年	第三學年
數學	三	四	四
物理化學	二	二	三
博物衛生	一	一	一

圖畫模型	四	四	四
農學	○	一	一
手工農業	五	五	五
體操	三	三	三
唱歌音樂	二	二	二
合計	二〇	二二	二三

（乙）女子高等師範學校

文科之部

每週教授時間

科目	第一學年	第二學年	第三學年
心理倫理教育	二	二	二
國語國文	五	四	四
歷史國民教育	三	三	三

地理	一	一	一
習字	二	一	○
外國語	二	二	二
裁縫	三	二	二
割烹園藝	二	二	二
體操	二	二	二
唱歌音樂	二	二	二
合計	二四	二一	二○

理科之部

每週教授時間

科目	第一學年	第二學年	第三學年
數學	二	二	二
物理	○	一	一

化學	○	一	一
博物衛生	一	一	一
家事經濟	○	○	一
圖畫	四	四	四
裁縫	三	二	二
割烹園藝	二	二	二
體操	二	二	二
唱歌音樂	二	二	二
合計	一六	一七	一八

此兩高等師範學校之外。有一養成其足爲幼稚園長及小學校長之女子者、別爲女子高等師範學校。以十八歲以上二十五歲以下之女子入學。

檢定試驗

初等小學校教員之撿定試驗。每年七月十月二次行之。以試驗分爲三次。而執行之。尋常師範學校及高等小學校教員撿定試驗。每年以一次施行之。分爲文科與理科二種。而初等小學校教員撿定科目爲倫理、讀書、習字、國語、國文、國史、地理、算術、博物、物理、唱歌、躰操、外國語等。而尋常師範高等小學教員撿定科目。其在文科中者。爲文學歷史地理、倫理、應用心理學、外國語學等。其在理科中者。爲數學、物理、化學、幾何、圖畫、倫理等。爲筆記口述之二次試驗。教員之退隱或死去者。予以恩給金。或遺族扶助金。其給與額與行政官同。年齡達于五十五又在職至二十五年間者。其最後六年間之俸給額。男子加六百勿南以下。女子五百勿南以下之金額。

小兒教育有數多之教育所皆不徵收月謝如左所列

第一　幼稚園

第二　幼兒科

第三　初等小學校

第四　補習科

第五　高等小學校

第六　徒弟學校

第七　職業學校

第一　幼稚園

幼稚園以兒童及于二歲許之入學。至六歲時養育教導之教師爲女子兒童之數。不得過百五十人。以遊戲唱歌等而圖其身體與精神之發達。教以文字之初步。

第二　幼兒科

幼兒科在幼稚園與初等小學校之間。自四歲至于七歲之兒童入之。爲入初等學校之準備。

第三　初等小學校

初等小學校以滿六歲之兒童入之。至十三歲爲終通常分別之爲左之三科。

初等科　自六歲至于九歲

中等科　自九歲至于十一歲

高等科　自十一歲至于十三歲

每日之授業時間。午前午後各三時間。合計爲六時間。除木曜日之外。每禮拜中爲五日間之授業。其教科目如左。

一修身及國民義務

二讀書及習字

三國　語

四算術及度量衡法

五歷史及地理以本國爲主

六庶物指教及理科大意

七圖畫唱歌及手工(女兒爲裁縫)

八躰操(男子加兵式體操)

第四　補習科

補習科爲續其初等小學校而設者。其修業年限爲一年乃至二年。以溫習初等小學校所授之諸學科爲主。

第五　高等小學校

高等小學校。以初等小學校之卒業生入之。其修業年限爲三年以上。不得已得短縮之爲二學年。其授業時間每日爲六時間。每禮拜中有五日間之授業。其教科目如左。

一應用算術
二代數及幾何
三日用計算法及簿記
四農工業及衛生上必要之物理學博物學之大意
五幾何畫裝飾畫及模型
六日常須知之法令及經濟之大意
七文學史大意
八萬國近世史

九商工用地理

十木金工(男子)

十一裁縫(女子)

十二外國語

第六　徒弟學校

徒弟學校爲商工業等實業上養成其徒弟者而設。其修業年限爲三年。以上以有初等小學校卒業之學力者入之。分二種之學校。即職工徒弟學校。及商業徒弟學校是也。

職工徒弟學校之教科目時間表如左。

科目	一日授學時間		
	第一學年	第二學年	第三學年
初等小學校教科	二	二	二
手工	三	四	五

圖畫	一	一	一
料理及工藝科工業上之應用	一	一	一
課業時間合計	七	八	九

商業徒弟學校之教科目時間表如左。

科目	一日授業時間 第一學年	第二學年	第三學年
初等小學校教科	一	一	一
商業	二	三	三
商業地理	一	一	一
外國語	二	一	二
圖畫	一	一	一
課業時間合計	七	七	八

第七 職業學校

職業學校爲兒童之有技藝上智識。而適于種種之職業者而設。加小學校之教科目爲其主要之學科。置職業科其科目有種種。或關於土木。或關于鉄道。或關于農業。或關于鑛山。或關于山林。或關于工藝。因其土地之情況而異其學科。

以上所述師範學校并小學校等。凡以國庫之費用所維持者如左。觀此可以知其國家如何致力于教育也。

高等師範學校	二
尋常師範學校	百七十一
高等小學校及徒弟學校	七百三十六（職業學校三、高等小學校三百二、補習科四百三十一、）
初等小學校	六萬六千七百八十四
幼稚園	三千三百九十七

幼稚園爲初等高等之小學校。生徒無月謝而使之修業者。觀一千八百八十七年之調查。有四百九十六萬三千三百九十二人云。而于右國庫費所維持之學

校外。有一萬三千六百十三之私立小學校。有二千四百九十二之私立幼稚園。

其他各種之學校。不遑枚舉。

中等教育

中等教育之學校。分爲三種。即「力雪」「科烈休」及女子中學校是也。「力雪」相當于德國之文科中學校。比「科烈休」之程度稍高。女子中學校。與「科烈休」無大差別。因是等之學校。以致力于古文學爲主。自然出其迂遠于實用之人物。因此必設置一教授學科之學校。其結果于諸處以實科爲主。至于出中等學校或以商業科爲主。或以工業爲主。或以農業科爲主。或以手工科爲主。因各地實業上之狀況。而失其趣。至古文學則全廢之。入于近世語學。

大學

大學有文科大學。理科大學。法科大學。醫科大學。及神科大學之五學部。各分科大學各自獨立。在于各地方大學之外。施高等專門之教育者。亦不少。高等藥學校、高等醫學校、高等實業學校、理化學校、音樂學校、美術學校等。其最重者也。

因欲知法蘭西國教育之一班。依于最近之調查。示其學校數于左。

(甲)小學校　部

幼稚園	公立	二、六〇八	生徒	七一三、八八七
	私立	二、九五三		
初等小學校	公立	六七、四二九	生徒	五、五四八、一八〇
高等小學校	私立	一五、六四二		

(乙)中等學校部

	公立	一〇九	生徒	五三、〇六七
	公立	二三八	生徒	三二、一六一
女子中學校	公立	六三	生徒	一〇、四一三

(丙)大學部

文科大學	一五	學生	三、〇〇〇
理科大學	一五	學生	一、八六六
新教神科大學	二	學生	八九
法科大學	一三	學生	八、二二〇
醫科大學	七	學生	六、四七[illegible]

此外有六千四百八十五之男子小學校。五百餘之女子小學校。又各種專門中學校之數實不少。小學校之數以人口四百四十五人爲一校之比例。六人中有一人之生徒。國民中無文字者。百人中有十人。

(三)英吉利之教育概況

日曜學校與普通教育之進步　教育　刷新　師範學校

教育行政　小學　中等教育　大學

日曜學校與普通教育之進步

英吉利人自昔富于保守心。其社會之組織甚整。上下之階級甚嚴。其專爲上級人民所設之高等教育。自古爲盛。而人民之普通教育。較之上級人民爲劣。因此至于十九世紀之初。其普通教育事業尚未完全。然自一千七百八十年日曜學校。既遍於國內。學日用之文字者。逐日加多。一千八百十一年起國立協會。當普通教育擴張之任。同時又起「布利齊士」協會。用力于貧民教育。共設初等小學校。盡力于兒童教育。

一千八百十八年。政府以學務官吏。派遣于各地方。使視察教育事業。已稍用力

教育刷新

于教育。然當時之教育費。皆自有志者所捐金而成。毫不仰給于政府。一千八百三十三年。仗洛爾特布隴哈孟之力。始得以教育費之一部。自政府擔任之。當時政府之教育方針。以如此之情形。其教育行政。無足觀者。其教育制度。殆皆無之。不過因本來之習慣。施其各地方特有之教育。

至一千八百三十四年。以國庫之費用補助教育費。一千八百三十九年。在中央政府設教育局。置視學官。大增加其教育費補助全額。一千八百七十年。發布教育令。于各地方設學務局。自滿五歲至于十三歲之兒童。必使入小學校。貧民之子弟。不取束脩。大獎勵其就學。一千八百七十三年。及七十六年兩度改革、教育令。定學規甚嚴。强制兒童使之就學。以五歲以上十四歲以下者。無論男女。悉使之受普通教育。爲國民之義務。并勒令其父兄。必使其子弟就學。貧民之兒童。在學校中。每日給與食物兩次。圖教育之普及。至一千八百八十七年。以學齡兒童之束脩。全廢之。自是以後。普通之教育進步。已不可以道里計。私立之小學校。亦倣行公立小學校。不取月謝。使全國中子弟之就學者。無庸出資授業。

欲知當時普通教育發達之大勢。查其在市町村役場不能書自己之姓名于婚姻登錄簿者。今就百分之比例表列于左。

不能書自己之姓名者百人中。

	男子	女子
一千八百八十三年	一二、六〇	一五、〇〇
一千八百八十八年	七、八〇	九、〇〇
一千八百九十三年	五、〇〇	五、七〇

師範學校

師範學校養成小學校正教員。有寄宿生通學生二種。概附屬于大學。其修業年限爲二年。卒業後。于一定之年限間。有從事于教職之義務。

第一　授業生
第二　助教員
第三　准教員
第四　正教員

第五　專科女教員

第六　夜學教員

授業生受首座教員之監督。補助教授。修自己之學科。須年齡十四歲以上者。服役三年。乃至四年。至試驗之後。爲助教員或准教員。又得使爲師範學校生徒。

助教員則採用中學卒業生或有同等之學力者。抑或自前項授業生經其試驗。其年齡及于十八歲以上者。

准教員自授業生之優等者中。或自助教員中任用之。年齡及于二十五年以上。無就職之資格。

正教員在師範學校受試驗二次。以合格者。授與其免許狀。其試驗科目程度與師範學校生徒相同。第一次之試驗。與一年級生受同一之撿定。年齡十九歲以上之准教員。須奉職至二年間。第二次之試驗。與二年生受同一之試驗合格于第一次之試驗。須有爲准教員或助教員之資格。

專科女教員及夜學教員。無論何人。皆當在十八歲以上。經視學官之認定。而受其免許狀者。

敎育行政之事務中央政府中有敎育局統轄全國之諸學校各地方有學務局管理地方之學事。又別設視學官巡視實地敎育之狀況以圖其改良進步。不堪于學校敎員之職而退隱者又其在職中死亡爲有給其恩給金或遺族扶助料之制。而在職滿七年以上者有加其現在俸給額之制。

小學校有 半日學校夜學校及其他種種之區別其敎授科目如左敎科目中有「必須科」與「隨意科」二種。

（一） 必須科目

讀書 習字 算術 裁縫獨女生徒 圖畫獨男生徒

（二） 隨意科目

（甲）自學級得課于隨意之學科

唱歌 諳誦 圖畫 地理 理科初步 歷史

（乙）得履修上級生徒隨意科者之學科

代數　幾何　重學　化學　物理　動物　植物　農業初步　臘丁語　法蘭西語　家事經濟　獨逸語　簿記　速記法　航海法　調理法　洗濯法

中等教育

中等學校。概爲一私人、或會社、或教會所設立。其生徒之年齡爲十歲乃至十五六歲。其學科以臘丁語希臘語等之古文學爲主。又于博物學、地理、歷史理化學、農業、體操、外國語之中。加其二三。其大體與德國之文科中學校相似。

大學

大學教育。目往昔已成完備。其教育之主義。與德國相似。不在于養成學者。而在于養成其立于社會上流交際塲中無所愧之人物。其學校概由捐金以設置而維持之。無論何處。無不有最大之基本金。呵克斯布爾特及肯布力齊之二大學。其尤有名者也。前者重文學。後者重理學。

今欲知英國教育一切之狀況。舉最近之統計于左。

(一)　公立小學校　(學校)一萬九千七百〇九個

英蘭及

（生徒）四百二十二萬五千八百三十四人

蘇蘭　（學校）三千〇五十四個

（生徒）五十六萬七千四百四十二人

愛蘭　（學校）八千五百〇五個

（生徒）五十二萬五千五百四十七人

（二）師範學校　（校數）七十個

（生徒）五千九百〇八人

（三）中等學校

科學校　（校數）二千六百〇二個

（生徒）十八萬三千百二十人

技藝學校　（校數）千七百五十八個

（生徒）十三萬六千三百二十四人

實業學校　（校數）四個

（生徒）二千三百五十六人

（四）美俄意之教育概況

美國之教育大略　俄國之教育大略　意太利之教育大略

美國自殖民時代。用力教育。「哈巴特」大學。爲距今二百五十餘年前所設立。現今政府設文部局于各地方。置視學官管理學事。又設師範學校。養成教員。布强制教育之制於各州。或免除其授業科。五歲以上十三歲以下之兒童。不可不就學。觀各州之憲法。皆有叙錄于左者之意見。其言曰。智識道德。所以保護人民之權利自由者。今不可不以此與于國中之人民。

抑智識道德之盛衰。全在于國內諸地方人民。能分布教育之機會及利益與否。爲政府之官吏者。于愛教育保護學校。此爲應盡共和國將來之義務。然則欲使農業、技藝、貿易、製作等業之進步。必補助公私之學校。養成仁慈、博愛、節儉、正直、之精神。及社交之風氣。豈非一大義務耶。則其政府如何用力于教育。從可知矣。

觀一千八百九十年之調查。十歲以上者、四千七百四十一萬三千五百五十九人中。有不知文字者六百三十二萬四千七百〇二人。百人中之無學者。不過十三人三分而已。

小學校之種類甚多。其名稱亦不一。各洲各有不同。私立之學校。殆占其大半。多爲教會所設置者。

中等學校亦多設于一私人之手。其名稱亦不一。其數有二千餘校。生徒之數有十二萬人。其學科以理化學與近古語學爲重。

高等學校與其他諸種之專門學校。其數亦甚多。以理料爲主之學校。七十四校。生徒數有七千五百五十七人。以神學爲主之學校。八百二十二校。有生徒五千二百三十四人。醫學校百〇六校。有生徒五千六百四十八人。

大學之數亦甚多。其程度由各洲所定。亦不一致。「耶爾」及「哈巴特」之兩大學。其有名者也。此國爲新開之國。于文明國之學問。毫不懈怠。常送留學生于歐洲輸入各國之文明不怠。

俄國政府中置文部省。全國區劃爲十四大學區。以六歲以上十三歲以下之兒童爲學齡。必入學校。布強迫就學制。以圖學事之發達。因欲養成小學敎師。設師範學校。其修學費全由官給之。卒業後。有六年間從事于敎育之義務。觀一千八百九十年之調查。所設于各大學區公立小學校之數。爲四百二十一校。有生徒三萬〇六百十六人。所屬于文部省管理之私立小學校。爲二萬二千六百五十三校。有生徒九十三萬三千九百五十三人。師範學校及敎員練習所。併有五十四校。有生徒二萬五千二百三十七人。其不屬于敎會者有八百八十六之私立小學校。與三萬一千五百二十五人之生徒。敎會附屬有一萬六千四百餘之小學校。與四十二萬有餘之生徒。以人口比較之。全國人民中就學者僅有百分之二而已。

中等學校有文科學校、簡易文科學校、家科學校之三種類。文科學校現今有二十三校。生徒三萬六千二百六十八人。簡易文科學校。有四十四校。生徒五千四百五十八人。實科學校三十校。生徒四千二百七十五人。

大學及其他之高等專門學校爲三十一校。此內大學有左之八校。今舉于左。

校名	教師	生徒
大學	八六	一、一九六
大學	九七	一、四七三
大學	六五	四一八
大學	六九	五二二
大學	七二	八五九
大學	四二	三一六
大學	六三	七九四
大學	七五	八三八
合計	五六九	六、四〇八

此八大學外。高等專門學校之半。爲附屬于各部者。爲神學校、農學校、醫學校、美

意太利之教育大畧

術學校、兵學校、商業學校、法律學校、外國語學校等。

意太利次于德法。教育制度稍稍完備。中央政府置文部省。使統轄國內之教育。以初等教育之學齡爲六歲以上至于九歲。以其半布强迫教育之制。 學校之種類。爲小學校、文科中學校、實科中學校。及四大學校。 文科中學校。有高等與尋常二種之別。而小學校有尋常高等二種之分。尋常小學校。令各町村不可不設之。不取授業金。現今小學教育之狀況。可于左之統計推知之也。

	校數	生徒數
幼稚園	二、五七二	三〇二、七五四
公立正則小學校	四六、五六九	二、一九六、四七〇
公立變則小學校	三、一五三	九五、四九六
私立小學校	八、五五五	一九五、八三七
夜學日曜學校	五、九四六	一九三、三六〇

文科中學校爲大學之豫備校。實科中學校爲實科高等專門學校之豫備科。中

學校、高等專門學校、及大學、概以國庫之費用維持之。師範學校、皆爲國庫之支辨。師範學校中學校及大學之教育狀況。于左表明之。

	校數	生徒數
師範學校	一四八	一八、六七七
文科中學	一、〇五六	七三、一三八
實科中學	四七三	四三、六三六
大學	二一	一九、四四一

次于意太利教育之盛者。爲墺地利、勾牙利、帝國。其教育制度。概似德國。以六歲以上十四歲以下爲學齡。受普通教育布强迫之制。師範學校文科中學校實科中學校大學之制度。始皆完備。師範學校有五十一校。文科中學校有三百三十三校。實科中學校。有百九校。大學有八十一校。其生徒亦不少。

光緒二十九年二月初一日出版

東西洋教育史
定價洋一元三角

著者　日本文學士　中野禮四郎

譯述者　湖南　蔡艮寅
　　　　湖北　賀廷謨

校正者　安徽　姚佐燧
　　　　安徽　劉鼎
　　　　湖北　賀尹東

印刷所　上海四馬路惠福里　作新社印刷局

販賣所　上海四馬路巡捕房西首　古香閣
　　　　上海四馬路巡捕房東首　開明書店